Bibliographische Information der Deutschen Bibliothek:
Die Deutsche Bibliothek verzeichnet diese Publikation in der
deutschen Nationalbibliographie; detaillierte bibliographi-
sche Daten sind im Internet über http://dnb.ddb.de abrufbar

War in New York.

© 2003 a.petit (Pseudonym)
Alle Rechte vorbehalten
Herstellung und Verlag:
Books on Demand GmbH, Norderstedt

ISBN-13: 978-3-8370-1908-7

War in New York.

(War sehr schön da, bei Kriegsbeginn ;-)

Deutsche Touristen erobern NewYork.
Und das ausgerechnet am ersten Tag des irakischen
Bombardements.

Eine völlig authentische und höchst amüsante
Reisebeschreibung, beginnend am 20. März 2003.

Zweifellos der fröhlichste Kriegsbericht,
direkt von einer fremden Heimatfront.

Wir schreiben heute den 28.03.2003, und ich nun diesen wahren Bericht. Ich bin alles andere, als ein Schriftsteller und will es auch nicht werden. Aber dennoch habe ich große Lust unerwartete Erkenntnisse in Worte zu fassen.

Erst Gestern kamen wir aus New York zurück. Die schmutzigen Klamotten warten immer noch auf eine Wäsche und der Kühlschrank ist gähnend leer. Trotzdem sitze ich schon am Computer und hacke wild auf der Tastatur herum. Eigentlich ist es ja nichts besonderes, wenn man mal in der berühmtesten Metropole Amerikas gewesen ist... wenn der Flug jedoch zufällig auf den ersten Tag des Irak-Krieges fällt, wird die Geschichte schon erheblich spannender. Aber falls jemand die absoluten Horrorstories von zigfach wiederholten Sicherheitskontrollen und fies grinsenden Amis in Uniform erwartet, muß ich ihn leider enttäuschen. Denn das genaue Gegenteil war der Fall. Diese Geschichte ist im Kern lediglich eine chronologische Reisebeschreibung. Nichts wirklich außergewöhnliches ist passiert, aber genau das war für mich persönlich das Beeindruckendste. Dieser wahre Bericht handelt von zerstörten Vorurteilen, von netten Menschen, und natürlich von New York.

In der Zeit des immer heftiger wütenden Irak-Konfliktes wird wahrscheinlich niemand auf den Gedanken kommen die offensichtlich unsensible Politik der amerikanischen Regierung in Schutz zu nehmen. Dies werde auch ich nicht tun, denn darüber zu urteilen erscheint mir ziemlich nutzlos. Auffällig konsequent werden jedoch viele Menschen ignoriert, die nicht gleich völlig durchdrehen, weil zwei Häuser umgefallen sind. Deshalb möchte ich einfach nur beschreiben, wie offen, freundlich und herzlich eine ungleiche Gruppe von sechs rumsfeldschen Alt-Europäern an der amerikanischen Heimatfront empfangen worden ist.

Damit lade ich Sie ein unsere Reise mitzuerleben. Kommen Sie mit uns mit und lernen Sie nach sowohl amerikanischen, als auch deutschen Propagandaschlachten die echten New Yorker kennen. Keineswegs kenne ich sie wirklich, noch lassen sie sich alle in einen Topf werfen. Dennoch war ich überrascht, was ein paar Tage bei ihnen anrichten können. Doch bevor es richtig los geht, sollten Sie wissen wer wir eigentlich sind und was wir dort überhaupt wollten. Nebenbei bemerkt, beginnt schon hier die Geschichte der netten Menschen, denn ich selbst hatte nie geplant mich mal nach New York zu begeben. Eher skeptisch nahm ich die Einladung meines sehr guten Freundes Lutz an, der schlappe dreißig Jahre älter ist, als ich. Er ist der Initiator des einwöchigen Trips und war bereits im letzten Jahr dort. Zusammen mit seiner Frau Rosi eroberte das Paar damals Amerika und kämpfte sich mit ein paar Brocken Englisch durch New York und Washington. Problemlos, wie sie später stolz berichteten. Die Geschichten, die sie vor Jahresfrist von dort mitbrachten interessierten mich bisher nicht besonders, obwohl die beiden mit einer an Fieber grenzenden Begeisterung nach Deutschland zurückkehrten. Eher beiläufig registrierte ich eine Begebenheit, bei der ein Polizist, der ihnen eigentlich nur die Richtung zur nächsten Telefonzelle zeigen sollte, sie höchst wißbegierig und aufgeschlossen dort hin begleitete, bis er ihnen schließlich ungefragt seine private Telefonkarte schenkte. Danach mühte er sich noch lange ab eine Verbindung nach Deutschland herzustellen, was aber nicht gelang. Kein Wunder, wenn man die falsche Nummer hat! Ebenfalls soll ein ähnliches Erlebnis in der Penn-Station stattgefunden haben, wo das Ehepaar sich bei einer Bahnbediensteten über das unergründliche System der Amtrak-Züge erkundigen wollte, um am nächsten Tag einen kleinen Ausflug zu machen. Nachdem man fünf Minuten mit holprigem Englisch, und Händen und Füßen lamentiert hatte, gab die Dame kurzer Hand so etwas zu verstehen, wie: "Morgen bin ich auch wieder da und bringe Sie gern bis zum Bahnsteig!" Dies hat sie dann Tags drauf auch getan. Ich war mir damals nicht sicher, ob diese Erzählungen nicht etwas übertrieben sind oder vielleicht ein bißchen geschönt. Nun... heute weiß ich es besser!

Damit kommen wir zu den Teilnehmern Nummer drei und vier. Manuela ist die Tochter der eben genannten Amerika-Forscher. Auch sie war bei unzähligen witzigen Weihnachtsfesten dabei, bei denen ihre abgefahrene Lache erheblich zur guten Stimmung beitrug. Ebenfalls an Bord; ihr Ehemann Joachim. Die zwei haben schon viel miteinander erlebt und gehen gemeinsam durch Dick und Dünn. Auf so einen strammen Burschen kann man sich echt verlassen! Weiter geht es mit Thorsten. Sohn von Lutz und Rosi, Bruder von Manuela und mein bester Freund. Er ist einer der Hauptschuldigen an vielen meiner schönen Erlebnisse. Seit Beginn unseres gemeinsamen Studiums vor über zehn Jahren bombardierte er mich mit unzähligen Nettigkeiten. So kam es dazu, daß er mich nur kurz, nachdem wir uns kennengelernt hatten fragte, was ich denn gedachte

Heilig Abend zu machen. Als ich diese Frage mit einem lapidaren "...keine Ahnung" beantwortete, wurde ich ohne lange Faxen eingeladen mit zu seinen Eltern zu kommen. Seit dieser Zeit trifft sich die ganze Bande regelmäßig und ich bin sozusagen adoptiert. Obwohl die vergangene Zeit mit ihnen noch ein weiteres Buch füllen würde, ist für`s erste genug über die Protagonisten gesagt. Nur eins noch; abgesehen davon, daß man relativ selten zu einer Überseereise eingeladen wird, waren die Tage mit ihnen ein echtes Geschenk!

Die Reise war schon lange gebucht und der Termin stand felsenfest. Das war vor genau einer Woche, dem 20. März. Wer konnte ahnen, daß dieser Tag zu einem historischen Datum werden würde. Natürlich hatte sich diese Entwicklung angekündigt und sicherlich waren wir nicht die Einzigen, die gespannt alle Nachrichten über die kommende Invasion des Iraks verfolgten. Besonders am Vorabend des Abflugs hatte wohl jeder von uns ein ziemlich mulmiges Gefühl, denn die Bilder, die wir im deutschen Fernsehen aus New York sahen, verhießen wahrlich nichts Gutes. Mit einem Close-Up auf die Maschinenpistole eines martialisch aussehenden Soldaten ließ man uns wissen, daß die Wall-Street gesperrt sei, touristische Höhepunkte, wie das Empire-State-Building geschlossen, und überhaupt die höchste Sicherheitsstufe im Big-Apple herrsche. Hektische Betriebsamkeit vor dem UN-Gebäude, klappernde Waffen und Splitterschutzwesten forderten uns unmißverständlich auf doch besser zu Hause zu bleiben. Diese Aufnahmen verfehlten auch bei mir ihre Wirkung nicht. "Was wird uns in Amerika bloß erwarten?" dachte ich mir noch und war sicher, daß dort nach den aktuellen Ereignissen die Kombination aus Judenvernichter und Kriegsdienstsaboteur nun kurz mit "Germany" zusammengefaßt würde. Während mich immer wieder kleinere Adrenalinschübe durchzuckten, zog ein andauerndes Dröhnen meine Aufmerksamkeit auf sich. Daraufhin unterbrach ich meine wenig enthusiastische Tätigkeit des Kofferpackens, um schnurstracks ans Küchenfenster zu laufen. Sekunden später sah ich am Himmel über Frankfurt zwei Militärhubschrauber kreisen. Als dann noch ein roter Helikopter etwa 500 Meter vor meinem Küchenfenster landete und allmählich hinter einem Hochhaus verschwand war die Sache für mich sonnenklar. "Scheiße...jetzt geht es richtig los!" Daß das ein ganz normaler Verkehrsunfall war und die Bundeswehrhelikopter nur zufällig dort waren, kam mir nach den letzten Meldungen natürlich nicht in den Sinn.

Im nächsten Moment klingelte das Telefon. Thorsten war am Apparat und hatte wohl die gleichen Nachrichtensendungen gesehen, wie ich. Nachdem ich ihm mein Küchenfenstererlebnis erzählt hatte, stellte er die berechtigte Frage, ob wir nicht vielleicht doch den Flug annulieren sollten. "Alles ist gesperrt, was wollen wir uns da noch anschauen?!" tönte es aus dem Hörer. Ein wenig erleichtert stellte ich fest, daß auch er die Hosen voll hatte. Bei ihm ist das mehr als ungewöhnlich, denn normalerweise ist er zu jedem noch so durchgeknallten Blödsinn bereit. So richtig glücklich machte mich dann aber seine Ankündigung seinen Vater Lutz nochmal anzurufen und davon zu überzeugen, daß wir besser bleiben, wo wir sind.

Es dauerte nicht lange, bis das schriller als sonst

kreischende Telefon, meine amerikaphoben Denk-
ansätze abrupt beendete. Am anderen Ende war Lutz
und erzähle mir, daß Thorsten gerade die
Amerikareise absagen wollte. Nachdem ich dies mit
einem "äähm, ach ja?!" kommentiert hatte, vernahm
ich ein lakonisches "...am Arsch die Räuber...!!!" aus
der Muschel. Erst da fiel mir auf, daß er absolut recht
hatte. Trotz kommunikationswissenschaftlichem
Studium war ich voll auf die allgegenwärtige Terror-
hysterie hereingefallen. Sofort änderte sich meine
Meinung und das bedrohliche Gefühl, das bislang
meine Magengegend durchknetete war plötzlich
verschwunden. Das weitere Gespräch beendete ich
mit dem Satz: "...klasse Lutz, das wird echt span-
nend!" und stopfte frech grinsend die letzten Socken
ins Gepäck.
Keine halbe Stunde später standen die beiden, Rosi
und Lutz, vor der Tür, um noch am gleichen Abend
die Koffer am Frankfurter Flughafen einzuchecken.
Auch das war eine Geschichte für sich. Bedingung
für die Einladung war es gewesen, daß jeder von uns
eine Flasche Sekt mit nach New York brachte.
Sorgfältig hatte ich darauf geachtet bloß keine anderen verdächtigen Gegenstände mitzunehmen. Keine
Bekleidung in Nato-oliv, nicht das kuschelige
Palästinensertuch, das gegen übertriebene Früh-
lingsfrische hätte schützen können, noch die von der
Bundeswehr übrig gebliebenen Kampfstiefel. Doch
diese wären eigentlich am besten dazu geeignet
gewesen, die bevorstehenden touristischen Gewalt-
märsche blasenfrei zu überleben- naja.... Pech
gehabt!
Endlich am Lufthansaschalter angekommen wuchte-
te ich meine Sachen auf das Laufband des

Röntgengerätes und hatte die Schaumweinpulle schon völlig vergessen. Plötzlich lugte die Flasche zwischen meinen Unterhosen hervor und schaute den Sicherheitsbeamten unternehmungslustig an. Auf dem Bildschirm sah es für mich so aus, als wolle sie ihm sagen: "ich könnte eine gefährliche Waffe sein, verhafte sofort den Scheißkerl, der mich austrinken will!". Irgendwie hat es ihn aber überhaupt nicht interessiert. Nun war der mülltonnengroße Gemeinschaftskoffer von Rosi und Lutz dran und warf ein wahres Kunstwerk auf den Schirm. In schillernden Farben zeichneten sich dort neben der doppelten Anzahl an Sektflaschen auch noch sechs einsatzfreudige Champagnerkelche ab. So munter, wie sie sich in allen Ecken rumdrückten, rang dieser Anblick auch dem Beamten ein verschmitztes Lächeln ab. Wahrscheinlich vermutete er, daß unser Handgepäck ein Kasten Bier sein würde. Nachdem diese Prozedur ohne Beanstandung abgeschlossen war, ging es an den Schalter, wo zwei unübersehbar verwirrte Stewardessen hinter ihren Computern thronten. Wir übergaben unsere Tickets und Pässe und warteten ab, was passieren würde. Lange Zeit gar nichts. Gelegentliches Error-Piepsen des Computers, komische Fragen und seltsame Antworten zwischen den beiden Damen brachten dann Papa Lutz auf die Palme. Zweifelsfrei als unfähige Praktikantinnen identifiziert, schnauzte er sie erstmal tüchtig an, bis sie uns schließlich eröffneten, daß das Check-in-Programm brandneu sei. Seit zwei Tagen hatten sie es erst, weil es die Amerikaner so gefordert hatten. Zwei Tage?! ...war es ein Zufall, daß George W. Bush genau vor zwei Tagen sein Ultimatum an Saddam Hussein stellte?

Noch in dieser Nacht würde es ablaufen, und schon beschäftigten sich unsere Hirne wieder mit den wildesten Spekulationen. Auch Lutz schwieg betreten und blickte etwas verschämt in der Weltgeschichte rum. Aber schließlich fand die Prozedur ein Ende und wir gingen noch ein letztes Bierchen trinken, um uns noch fix die heißesten Verschwörungstheorien zu erzählen, die wir zwischenzeitlich gestrickt hatten.

Zu allem Überfluß war in der gleichen Woche auch noch eine hoch ansteckende Krankheit aufgetreten, deren Erreger noch niemand kannte. Ausgerechnet am Frankfurter Flughafen landete der erste Überträger mit der mysteriösen Lungenkrankheit SARS. Mit wachsender Begeisterung malten wir uns deshalb aus, wie wir statt einer Woche in Manhatten, sieben Tage in Quarantäne im John F. Kennedy-Airport verbrachten. Aus diesem Grund war es für mich mehr als logisch noch mal darauf hinzuweisen bloß nicht die Skatkarten und ausreichend Kleingeld zu vergessen. Es dauerte aber wirklich nur einen Schoppen lang, bis wir wieder klar denken konnten und uns richtig auf die bevorstehende Reise freuten.

Am nächsten Morgen ging es dann endlich los. Früher, als ursprünglich geplant, denn das Morgenmagazin berichtete davon, daß die Lufthansa einen Krisenstab einberufen hätte. Anständig beunruhigt verlegten wir deshalb unsere Abfahrt um eine halbe Stunde. Am Flughafen galt es nun die vorerst letzte Hürde zu nehmen. Sicherheitskontrolle und Leibesvisitation- oh Schreck! Was hat man da nicht schon alles drüber gehört! Doch nach weniger als fünf Minuten waren alle sechs durch. Kurz darauf trappelten wir zufrieden in den Flieger. Thorsten saß neben mir und es war mal wieder höchste Zeit tüchtig Blödsinn zu erzählen. Dabei kam das Gespräch auf das Einchecken am Vorabend. Er war kurz nach uns dort gewesen und hatte scheinbar die gleichen Lufthansadamen erwischt, wie wir. Als er einer von ihnen seinen Paß gab und sie seinen Nachnamen las schaute sie auf und quakte: "Haben Sie etwa auch ein Probleeeem?!" Gestern konnte er sich das noch nicht erklären, heute wußte er warum. Im gleichen Atemzug berichtete er über eine andere Stewardeß, die er mal kennen gelernt hatte. Als er wissen wollte, was sie denn so beruflich machte antwortete sie: "Fruchtsaftschubse". Bis zur Landung mußte ich darüber lachen! Trotz eines angenehmen Fluges mit gutem Service und vielen Wodka-Tonic war ich froh endlich wieder festen Boden unter den Füßen zu haben. Den anderen ging es wohl nicht anders, denn ein junges Mädchen in der Sitzreihe vor uns hatte das halbe Flugzeug vollgekotzt. Hastig drängelten wir uns zum Ausgang, der direkt ins vermeintliche Feindesland führte. Abgesehen von einem Dutzend Polizisten, die verlangten, daß wir unsere Pässe aufgeklappt hoch hielten, verlief die Ankunft aber auch ohne Zwischenfälle. Ein bißchen Gepäck abholen, etwas ID-Check und ein wenig Zollkontrolle. Mehr war's nicht.

Irgendwann gingen wir dann durch eine Tür, hinter der viele Menschen an einer dekorativen Absperrkordel standen. Zuerst nur im Augenwinkel sah ich, daß Lutz auf irgendeinen Heini zustürzte und ihm wie elektrisiert die Hand schüttelte. "Was geht denn hier ab..." schoß mir durch den Kopf, "...der wird den doch wohl nicht kennen?". Erst als ich das Schild mit unseren Namen in der Linken des Unbekannten sah,

klärte sich für mich die Situation auf. Es war ein bestellter Taxifahrer. Nach einer freundlichen Begrüßungszeremonie lotste er uns aus dem Gebäude und führte uns um ein paar Ecken zu seinem Wagen... es war doch kein Taxifahrer, es war der Chauffeur! Lutz hatte uns zwar noch ein, zwei Überraschungen angekündigt, aber mit einer Lincoln-Stretch-Limousine abgeholt zu werden, damit hatte ich wirklich nicht gerechnet! Ich war baff. Nachdem wir das Gepäck verstaut hatten, stiegen wir ein und lümmelten uns in die Sitze. Da die Fahrt bis zum Hotel etwa vierzig Minuten dauerte war ich nicht ganz unglücklich darüber, daß die Whiskey-Bar nur eine Attrappe war. Ansonsten wären wir wahrscheinlich schon rotzevoll in der Lobby rumgefallen. Alle Versuche des Fahrers mit mir einen kleinen Smalltalk zu halten waren zwecklos. Denn noch viel zu schüchtern, um Englisch zu sprechen betrachtete ich lieber die Gegend. Einen großen Unterschied zu Deutschland konnte ich vorläufig nicht feststellen. Nur die Autos waren anders. Schließlich kamen wir dort an, wo wir hin wollten. Dem Hotel. Der Chauffeur hielt sein elegantes Gefährt vor dem "New Yorker" und kümmerte sich dann um das Gepäck. Lutz gab ihm das wohlverdiente Trinkgeld, vermied es aber ihm noch einmal die Hand zu geben. Zur Hotelrezeption schlendernd, stellte sich heraus weswegen. Von dessen Händedruck am Flughafen war Lutz keineswegs elektrisiert- vielmehr rechnete er ob der gefühlten Stärke von mehreren Kilopond mit einem Trümmerbruch!
Anmelden, Koffer auf's Zimmer, frisch machen und schwupps waren wir mitten im New Yorker Straßengewirr. Diesmal per Pedes und direkt in

Richtung Times-Square. Dummerweise kündigte sich bereits tröpfelnd ein fieser Wolkenbruch an, aber wir als Chef-Touristen, wollten es natürlich wissen. Dankbar, daß mich Rosi schon nach etwa hundert Metern in einen Souvenirshop rempelte, ergriff ich die Chance mir direkt eine Baseballkappe zu kaufen. Schon als wir raus kamen schüttete es wie aus Eimern und ich war froh über meine wasserabweisende Neuaquisition. Viel genützt hat es zwar nicht, denn unser amphibischer Ausflug dauerte noch über eine Stunde ohne Wesentliches gesehen zu haben. Times-Square am Tag, und den Mützenschirm bis unter die Nase gezogen, erschloß sich mir der Reiz dessen nicht so ganz. Dennoch genoß ich den Körperkontakt mit den Eingeborenen, die ich reihenweise über den Haufen lief. Obwohl ich nicht weiß, wie wir wieder dort hin gekommen sind, zog sich die Kette meiner Opfer bis zurück zum Hotel. Noch glaubte ich, daß es vielleicht an meiner Größe oder meinem grimmigen Regengesicht lag, daß sich alle Plattgetretenen bei MIR für meine Ungeschicktheit entschuldigten. Dieser Gedanke verblich jedoch in der Bedeutungslosigkeit, als wir uns schließlich im Hotelrestaurant vor einem wollüstigen Hamburger und einem kühlen Budweiser wiederfanden. Zuvor hatten wir natürlich unsere unfreiwilligen Badeanzüge durch trockene Kleidung ersetzt.

Es war schon Nacht geworden und nach diesem opulenten Mahl stand uns der Sinn nach etwas Gediegenerem. Also- alle Mann auf's Zimmer und ein Pülleken Sekt saufen! Nebenbei stellte man einmütig fest, daß bis hier hin alles perfekt gelaufen war. Wer hätte das erwartet! Alles wurde noch perfekter, als Lutz fünf Umschläge zückte und sie kunstvoll auf eines der Betten drapierte. Eigentlich war es ziemlich unwahrscheinlich, daß er nach der teuren Reise für sechs Personen auch noch eine Taschengeldlotterie starten würde. Aber genau das passierte. Jeder bekam einen stattlichen Betrag, der mit der nächsten Flasche Sekt gebührend gefeiert werden mußte. Trotz vieler Dankesreden, Umarmungen und Trinksprüchen fielen uns allen langsam die Augen zu. Es war höchste Zeit zu Bett zu gehen. Schleunigst verteilten wir uns auf unsere drei Doppelzimmer, um dem Schlaf Tribut zu zollen.

Selbiger kam aber ein wenig zu kurz, denn zur Belustigung aller Hotelgäste schrillte gegen drei Uhr ein Alarm durch die Gänge. Ich hätte davon nie etwas mitbekommen, denn ich war völlig im Sack. Erst als Thorsten aus dem Nachbarbett aufsprang und gierig durch den Türspion schielte, merkte ich daß etwas los war. Leider mußte ich mir die ganze Geschichte später nacherzählen lassen, denn keine 0,7 Sekunden danach war ich schon wieder einge-schlafen. Morgens wurde ich dann aber von den nächtlichen Geschehnissen in Kenntnis gesetzt. Als die Sirene ihr häßliches Kreischen verströmte dach-ten alle an einen Feuer- oder einen Bombenalarm. Eine blecherne Lautsprecherstimme plapperte währenddessen unverständliches Zeug, in Fach-kreisen Englisch genannt, bis schließlich alle außer mir auf dem Flur standen. In Unterhosen, selbstver-ständlich! Dieser Vorgang wiederholte sich noch zwei mal, bis der Sprecher bei der letzten Durchsage anfing zu lachen. Das deckte sich exakt mit Thorstens Beobachtungen, die den wahren Grund des Alarms offenbarten. Bei seiner Spionagetätigkeit hinter der Zimmertür sah in dieser Nacht den alleinreisenden Hotelgast von gegenüber, wie er durch den alkoholbedingten Verlust des Gleichgewichtssinnes zu seiner Tür wankte und mehrmals versuchte sie mit einem mißlungenen Karatekick zu öffnen. Erst als die Dame, die ihn offensichtlich zu gewerblichen Zwecken begleitete etwas unruhig wurde, besann er sich auf seine Key-Card. Beide verschwanden im Zimmer und wurden erst am folgenden Nachmittag wiedergesehen. Er, mit olympischen Augenringen und Boxershorts auf dem Flur. Sie, taufrisch und wohlparfümiert im Lift. Das muß wohl so gegen siebzehn, achtzehn Uhr gewesen sein.

So weit die Geschehnisse der vergangenen Nacht. Dieser Tag sollte aber noch viel aufregender werden. Wir verließen das Hotel und gingen zur U-Bahn. Thorsten war vor ein paar Jahren schon mal in New York gewesen, um eine gemeinsame Komillitonin zu besuchen. Die süße Nadia wohnte damals in Brooklyn und arbeitete damals bereits für eine große Werbeagentur. Das war unser heutiges Ziel, denn dort um die Ecke gab es einen riesen Supermarkt und ein hervorragendes Frühstückslokal. Motiviert durch einen knurrenden Magen begaben wir uns in die nächste Bahnstation, kauften jeder ein Wochenticket und quetschten uns durch die Absperrung auf den Bahnsteig. Gekonnt zog Rosi ihre geladene Kamera und schoß ein Foto aus der Hüfte. Kaum waren die bunten Blitzsternchen auf meiner Netzhaut verschwunden, schon stand ein Kerl hinter ihr und fragte, ob er ein Foto von uns allen machen solle. Erstaunt sah ich, wie Rosi ihm total naiv den Fotoapparat in die Hand drückte und artig "thank you" sagte. Ich selbst war sicher, daß dieser Typ gleich das Selbe sagen wird, wenn er im nächsten Moment mit einem athletischen Spurt und Rosis Kamera abhaut. Ich war bereit für einen Frühstart, als es blitzte. Die bunten Flecken waren schon längst weg und der Typ stand immer noch da! Grinsend, freundlich und höchst zufrieden, daß er uns einen Gefallen tun konnte. Er gab die Kamera zurück und verschwand genau so plötzlich, wie er gekommen war.

"Glück gehabt" sinnierte ich, als schon unsere Bahn einlief. Wir stiegen ein und ich schaute mich nach finsteren Gestalten um. "keiner da!" wunderte ich mich. Und wider Erwarten stieg auch an den folgenden sechs Haltestellen niemand ein, den ich in dieser Richtung hätte kategorisieren können. Selbstverständlich war die Station Nummer sechs eine zu viel. Nun standen wir irgendwo in Brooklyn und keiner wußte wohin. Der Schuldige wurde leicht ausgemacht. Thorsten, wer sonst?! Er nahm dieses schwere Schicksal auf sich und versuchte uns irgendwie doch noch ans Ziel zu bringen. Als orientierungsloses Rudel folgten wir dem Leittier um zwei oder drei Millionen Häuserblocks. Das bemerkte wohl auch eine lächelnde, dicke schwarze Dame, die auf Rosi und Manuela zusteuerte und sie mit "you're lost?" oder so ähnlich ansprach. Leider verstand das niemand von uns auf Anhieb, weswegen wir sie daraufhin mit einem "no-anderständ" abwimmelten. Dreißig Sekunden später wurde mir klar, was sie gesagt hatte; sie wollte uns helfen und fragte, ob wir uns verlaufen hätten! Ab diesem Zeitpunkt wußte ich, daß hier etwas faul war. Bestimmt war die vom Geheimdienst geschickt, von einer Sekte oder aus einem nahen Irrenhaus. Wir marschierten weiter und daß unsere seltsame Truppe aussah wie ferngesteuert war mir auch inzwischen egal. Ich war wachsam und sondierte jede Ecke, um verdächtige Aktivitäten zu entdecken.

Auf wundersame Weise kamen wir dann doch irgendwann an Nadia's ehemaligem Wohnhaus in Brooklyn vorbei. Thorsten wußte eigentlich schon lange, wo wir waren, aber von der längst überfälligen Frühstücksgelegenheit keine Spur! Ihm in einiger Distanz hinterhertrottend, erblickte mein waches Auge auf der anderen Straßenseite eine äußerst suspekte Person. Schwarz, jung, sportlich. Er hielt Thorsten fest im Blick und ging strammen Schrittes über die Fahrbahn. Er holte Thorsten ein und quatschte ihn an. Während ich sicher war mal wieder recht gehabt zu haben beschleunigte ich ebenfalls, um Thorsten noch zu retten bevor er nun abgestochen wird. Daß die Mörder in Amerika ihren Opfern, die Hand geben und sich mit einem lustigen Gesichtsausdruck nach deren Befinden erkundigen, war mir aber wirklich neu! Ich stand zwar nur ein paar Meter neben den beiden, konnte jedoch nur wenig von dem verstehen, was sie sagten. Thorsten verabschiedete sich lachend und erneut mit herzlichem Handschlag von dem gefährlichen Schwerverbrecher. Das brachte mein Konzept nun völlig durcheinander. Nach kurzer Bedenkzeit faßte ich mich dann aber wieder und fragte Thorsten mit welchen Drogen der Typ dealen wollte. Auch das war nicht der Fall. Stattdessen hatte er uns ein anderes Café empfohlen, in das wir letztendlich auch eingekehrt sind. Ich war ratlos.

Nicht nur der Satz "I become a coffee", der wie selbstverständlich aus Joachims Mund sprudelte, enttarnte uns am Frühstückstisch als Touristen. Die witzige Bedienung namens Francis schien das wenig zu stören. Im Gegenteil, wir wurden liebevoll umsorgt und mit allen möglichen Kosenamen bedacht. Sweatheart, Honey, Darling und so weiter, klangen in Verbindung mit ihrer stämmigen Figur und den lachenden Augen sogar mehr als nett. Obwohl wir wahrscheinlich nur die Hälfte ihrer Witze verstanden, waren wir ständig am Kichern. Selbst einer ihrer Mitarbeiter kam extra an unseren Tisch, um zu fragen woher wir kämen. Er selbst stamme aus Montenegro, war seit zweieinhalb Jahren in New York und wolle noch ein paar Jahre bleiben. So lange konnten wir aber nicht warten, denn der Supermarkt wartete seinerseits auf uns. Satt und zufrieden verabschiedeten wir uns und bogen um die nächste Ecke.

In dieser Seitenstraße hielt parallel zu uns ein pechschwarzer Audi und ein noch pechschwärzerer Mann rief etwas zu uns herüber. Der Einzige der es verstanden hatte war natürlich Thorsten und ging auf den Wagen zu. Alle folgten ihm, nur ich griff mir wieder mal an den Kopf. Mitten auf der Straße stellte der Mann den Motor aus und entschlüpfte aus seinem unpassenden Auto. Unauffällig schlich auch ich mich an und traute meinen Ohren nicht. Aus seinem finsteren Gesicht fielen deutsche Worte. Alles in der richtigen Reihenfolge und ohne grausamen Akzent. "...das reicht..." dachte ich "...wo war nochmal das Irrenhaus?" Während ich da so rumstand und die germanischen Klänge genoß hielt der schwarze Mann eine flammende Rede gegen den Krieg, erzählte daß er mal in Bitburg gelebt hatte und seine Frau auch irgendwas mit dem gleichnamigen Bier zu tun hat. Von Gospel-Singers redete er, von einer Emmanuel-

Baptist-Church und einer Einladung für den nächsten Sonntag. Erst als er seine Karte aus der Brieftasche zog, auf der kein Name stand und er hektisch seine Telefonnummer draufkritzelte kam ich zur Besinnung. Das war keine Einladung, sondern eine Falle!!! Niemand konnte mir erzählen, daß ausgerechnet um diese Ecke ein Mohr mit einem fetten Audi braust, Anti-Kriegsreden in Deutsch hält und dann noch mein Lieblingsbier säuft. Zu allem Überfluß gab er als Namen "Stefan" an. Nicht etwa Steven oder Steff oder so!

Wir hatten etwa zwanzig Minuten auf der Straße palavert, bis er wieder den Motor startete und davonbrauste. Inzwischen hatte ich genug Zeit, um mich für den CIA als seinen Auftraggeber zu entscheiden. Wie sollte ich nur die anderen davon überzeugen, einen großen Bogen um diese ominöse Kirche zu machen? Sicher wurden dort schon alle Schreibtischlampen auf fünfhundert Watt umgerüstet und die Batterien für die Elektroschocks geladen. Mit der Feststellung "...viel zu nett, um nichts wollen zu wollen!" untermauerte ich meine Agentenhypothese, doch schon waren wir am Shopping-Mall angelangt.

Wir stürzten uns ins Getümmel und suchten außer Lebensmitteln noch kleinere amerikanische Spezialitäten als Mitbringsel. Ich entschied mich vorläufig für zwei Sechserpacks Hershey's Schokolade, sowie zwanzig Kittekat für die Eigenversorgung. Tränenden Auges hatte Lutz meinen Vorschlag abgelehnt ein Sonderangebot von 18 Dosen Budweiser über die Brooklyn-Bridge zu schleppen. Denn dort wollten wir heute auch noch hin. Also begab ich mich an die Kasse, um meine

Beute zu bezahlen. Erstaunlicherweise sah ich niemanden in der Schlange, der dort wie üblich mit einer schlecht gelaunten Fresse stand. Auch bemerkte ich nicht, daß sich irgend jemand des allseits beliebten Oma-Einkaufswagen-Hackentricks bediente, um seinen Vordermann zu ärgern. Friedlich schob sich die Kolonne durch die Kassenzone, bis auch ich endlich an der Reihe war. Zehn Dollar und Zwei, war der Preis, den ich zu zahlen hatte. Die Frage der Kassiererin, ob ich vielleicht zwei Cent parat hätte mußte ich leider verneinen. Mit einem angenehmen Lächeln gab sie mir daraufhin einen Zehn-Dollar-Schein auf meinen Zwanziger heraus und sagte "keep it!". Nun kam ich aber wirklich ins Schleudern. Die ganzen Menschen, die sich hier so sonderbar benehmen können doch nicht alle vom CIA gekauft sein?! Und die Kassiererin? Hat sie mir im Namen des Geheimdienstes einen ausgegeben, nur damit der Zeitplan für die Falle eingehalten werden kann? Oder war es tatsächlich möglich, daß sie einfach nur freundlich war? Ich blieb skeptisch.

Mit unserer verderblichen Fracht machten wir uns nun auf zur Brooklyn-Bridge. Eine Station U-Bahn und schon waren wir da. Wir wußten wieder nicht so richtig wo wir hin sollten und gingen erst mal auf einen Polizisten zu. "Der arme Kerl!" schoß mir durch den Kopf, denn unser chaotisches Rudel stürzte von allen Seiten auf ihn zu, als wollten wir ihn lynchen. Er blieb locker und zeigte uns sogar noch eine Abkürzung. Nach fünfzig Metern fanden wir eine versteckte Treppe und stiefelten nun vergnügt über die Holzplanken über der eigentlichen Fahrbahn. Die rechte Seite war für Fußgänger vorgesehen, die linke Seite für schnellere Fortbewegungsarten, wie

Fahrrad, Jogging oder Power-Walking. Wie sich das für anständige Touristen gehört, wußten wir das aber nicht.

Nachdem wir schon fast die ganze Brücke überquert hatten, die wir in regelmäßigen Abständen mit unseren verstreuten Körpern versperrt hatten, entdeckten wir schließlich eines der vielen Schilder, das uns auf unser verkehrswidriges Verhalten hinwies. Sofort stand eine plausible Ausrede im Raum. Wer auch immer auf die rechte Spur abdriftete, betrieb ganz einfach "Power-Schleiching". Dieser Ausdruck war die passendste Beschreibung unserer normalen Durchschnittsgeschwindigkeit und wurde auch weiterhin nicht selten strapaziert. Wir rechneten kichernd damit, daß der Begriff sicher bald einen Platz im Duden erobern würde. Bevor wir jedoch das Ende der Brücke erreichten zückte Thorsten noch mal die Kamera und ließ mich und mein unrasiertes Antlitz vor der Skyline posieren. Schon standen zwei äußerst appetitliche Mädels hinter ihm und fragten ihn das Gleiche, wie der komische Mann in der U-Bahn Station. Auch sie wollten uns seltsamerweise fotografieren. "So schön können wir doch wirklich nicht sein!", dachte ich und tastete vorsichtshalber meinen Kopf ab. Aber der Test auf Lippenstift im Gesicht oder Vogelscheiße im Haar verlief negativ. Eigentlich hätte ich lieber ein Foto von den beiden schmackhaften Weibchen gemacht, aber das ist mir erst später eingefallen. Thorsten nahm seine Knipse wieder in Empfang und die beiden drehten uns den Rücken zu, um weiterzugehen. In diesem Moment war ich mehr damit beschäftigt zu entscheiden, welche ihrer Seiten ich wohl zuerst fotografieren würde. Als sie dann in der Menge verschwanden hatte ich wohl zu lange gedacht. Was soll's! Links um die Ecke muß irgendwo Pier17 sein. Da gibt's sicher ein Trostbier!

Während die ganze Meute so durch's Häusergewirr schlenderte, tauchte Rosi neben mir auf. Aus Gründen des Power-Schleichings und weil sowieso noch genug Platz zwischen uns war, überholte uns in der Mitte ein Mann in einem hellblauen Hemd. "Pier Siebzehn???" brüllte sie ihn in Deutsch an. Gleichzeitig beugte sich ihr Oberkörper nach vorne, während sich ihr Kopf in einer akrobatischen, doch durchaus fragenden Bewegung unter sein Kinn drehte. Gekonnt verhinderte sie seine Flucht indem sie ihn zwischen uns einklemmte und ihm dabei, immer noch laufend, direkt ins Nasenloch starrte. Er zuckte zusammen, stammelte ein paar unzusammen-hängende Worte und deutete schließlich in die richtige Richtung. Dann gab er tüchtig Gas, um möglichst viel Raum zwischen sich und die Verrückten zu bringen. Aus Rosis Augen sprach Verwunderung. "Das war aber ein komischer Polizist..?!" sah ich die Frage, wie auf einem Teleprompter durch ihre Pupillen ziehen. Die Aktentasche des verschreckten Bankers hatte sie wohl nicht gesehen!

Es waren noch höchstens zweihundert Meter bis zum verheißungsvollen Pier 17. Für uns bot das jedoch noch genügend Gelegenheit für das nächste Fettnäpfchen. Besser gesagt; Farbnäpfchen. Mit schlafwandlerischer Sicherheit trat Thorsten in eine Pfütze aus weißer Farbe. Sehr gute Farbe, wie ich bemerken darf, denn sie schien höchst ergiebig zu sein. Erst kurz vor dem Portal des Pier 17 Gebäudes schien die Leuchtkraft Thorstens Fußstapfen etwas

zu schwächeln. Als er dann dem, dem Eingang vor-
gelagerten Veloursteppich, über zehn Meter ein
völlig neues Muster verpaßte, war ich von der
Qualität des Produktes absolut begeistert. Dennoch
zogen wir es vor uns erst mal in ein Café der
Peripherie zu setzen und dem kleckernden Thorsten
ein Bier und einen Satz Servietten zu bestellen.
Wir einigten uns darauf die drei Etagen des Pier17-
Centers separat zu erkunden. Und nach Begleichen
der Zeche war auch Thorsten "spurlos" verschwunden. Ich zog ebenfalls von dannen und landete an
einem Postkartenstand. Vier Stück für einen Dollar,
...hui- das war billig!. Sofort griff ich zu und schickte mich an nach Briefmarken zu fragen. Natürlich
hatte ich vergessen zu sagen wohin ich sie eigentlich
schicken wollte, doch der Verkäufer bekam schnell
raus, daß die Destination France und Germany war.
"Oh, you come from Germany? I'm from Hungary!"
sagte er und schon begann ein lustiger
Kaffeeklatsch. Da außer mir nur noch zwei andere
planlose Gestalten die Auslage des Ladens um-
gruben, waren wir Ausländer unter uns. Hier ein
Witz, da ein Kompliment und schon waren zehn
Minuten vergangen. In Ermangelung weiterer
dummer Sprüche entschloß mich dann endlich
weiterzugehen. Noch einmal ließ ich mir meine
geliebte Verschwörungstheorie durch den Kopf
gehen und gab sie widerwillig auf. Das war die siebte
Nettigkeit an einem einzigen Tag. Dagegen kann
auch das schönste Vorurteil nicht anstinken!
An einem Geschäft, das ausschließlich gepfählte
Schmetterlingsleichen verkaufte traf ich Thorsten
wieder. Eher zufällig, denn weder die exotischen
Insekten, noch Thorsten nahm ich wegen der

spiegelnden Schaufensterscheiben wahr. Als ich jedoch an der geöffneten Tür vorbei kam, bemerkte ich die flauschige Auslegware, deren Fasern wohl etwas länger waren, als die des billigen Teppichs vor dem Haupteingang. Ich brauchte nur noch den weißen Fußstapfen zu folgen, die sich in unerreichter Schärfe in den teuren Teppich gesaugt hatten und stieß an deren Ende auf ein Paar bekannte Stiefel. Da Thorsten noch immer darin stand, war es deshalb angebracht, diese umgehend zur Flucht zu benutzen, bevor der ungewollte Textildruck der Ladenbesitzerin auffiel. Überstürzt verließen wir das Geschäft und begaben uns an die vereinbarte Stelle, um die anderen wiederzutreffen.

Weiter ging's zur Wall-Street, die wir zwei Tage zuvor noch in den Nachrichten gesehen hatten. Gesperrt? Negativ! Schwere Bewaffnung? Nix gesehen! Aufgeregte Spezialeinheiten? Nicht die Bohne! Nur zwei einsame Soldaten standen gelangweilt an einer Ecke. Ich glaube sie waren richtig froh, als Lutz ihnen ein bißchen Action verschaffte, indem er auf der Statue von George Washington herumkletterte. Das Japanische Team, das ihn dabei filmte fand das wohl auch recht witzig. Danach zu Ground Zero. Für mich sah das aus, wie eine normale Baustelle. Ich kann's aber auch nicht beurteilen, weil ich nicht weiß wie's vorher aussah. Meine beiden platten Füße rieten mir überdies, die ziemlich gebeutelten Nebengebäude ebenfalls zu ignorieren. Sie hatten einen überwältigend morbiden Charme. Doch als es dann endlich hieß "...ab ins Hotel!" waren wir drei einfach nur noch glücklich! Meine Füße und ich.

Am späten Nachmittag trafen wir uns noch mal in der Hotelbar. Thorsten und ich waren ein bißchen spät dran. Ich holte schon mal den Lift, während er noch letzte Hand an sein perfektes Outfit legte. Die Zimmertür knallte und schon kam er um die Ecke gebogen. Gleichzeitig erschien eine Frau im Flur und stieg mit zu uns in den Fahrstuhl. Wie das so bei uns Sitte ist, versuchen wir uns immer und überall im "dummes Zeug erzählen" zu überbieten. So auch hier. Die Dame schaute interessiert auf und wollte sofort wissen woher wir kamen. Es entwickelte sich ein kurzes Gespräch, bis der Aufzug die neunzehn Stockwerke abgespult hatte. In der Lobby verabschiedeten wir uns herzlich und sie entschwand in der Drehtür. "Das war die Gewerbliche" sagte Thorsten und beschrieb breit grinsend den angegriffenen Gesundheitszustand unseres Karatekämpfers, den er oben noch gesehen hatte. So steuerten wir also auf den Tisch zu, an dem Rosi und Lutz, Manuela und Joachim schon auf uns warteten. Bestellt hatten sie noch nicht, aber ein junger, osteuropäisch aussehender Mann stand schon zur Order bereit. Das übernahmen wir dann mit einiger Mühe. Es sah so aus als ob irgendeiner von uns nicht so richtig Englisch sprechen konnte. Und wir waren ziemlich sicher; wir waren es nicht! Nachdem statt eines Eineinhalb-Liter-Pitchers dann ein paar Budlight auf dem Tisch standen hatten wir Gewißheit. Um die Unmöglichkeiten dieses Tages noch abzurunden wetteten wir um die Herkunft des Obers. Und Osteuropa ist wirklich groß! Egal- kurz überlegt und dann Ungarn gesagt. Inspiriert von dem Postkartenverkäufer von Pier 17, und überzeugt, daß das einer der durchgeknalltesten Tage meines Lebens ist, mußte ich einfach recht haben. Wir fragten den Kellner und so war's!

Mich wunderte an diesem Abend gar nichts mehr. Den Rest gab mir dann aber Lutz. Als Thorsten ankündigte am folgenden Tag mal mit seiner großartigen Freundin zu telefonieren, begann Lutz wild in seiner Brieftasche rumzuwühlen. Er fand was er suchte und schenkte seinem Sohnemann neunundvierzig Minuten Liebesgesäusel nach Deutschland. Und zwar in Form einer Telefonkarte, sowie den besten Grüßen eines unbekannten Washingtoner Polizisten! Nun- ich glaube das war wirklich genug für mich. Da halfen nur noch ein paar weitere Runden Bier und danach ein ausgiebiges Schläfchen. Nachdem Letzteres erledigt war graute ein gut gelaunter Morgen. Man traf sich pünktlich in der Lobby, in einem kleinen Café. Von dort aus starteten wir zum nächsten McDonalds, um weltmännisch, wie echte Amerikaner zu Frühstücken. Der ungemein anstrengende Weg dort hin führte über die 8th Avenue und betrug endlose dreißig Meter. Das Ziel vor Augen, ließen wir dennoch nicht von unserem Vorhaben ab und erreichten erschöpft den Ort der Verheißung. Doch trotz unserer körperlichen Gebrechen brachten wir mühelos sämtliche Bedienungen mit unseren Bestellorgien durcheinander. Schlußendlich landete ein "Bagel" vor mir und wurde mit höchstem Genuß verzehrt. Seitdem plädiere ich auch in der Heimat für die Domestizierung eines derartigen Schnitzel- respektive Steakbrötchens. So gestärkt machte das anschließende Shopping gleich doppelt so viel Spaß. Es gibt alles in New York. Was jedoch in größerer Anzahl vertreten ist, als die Stadt Einwohner hat sind Baseball-Kappen. Überall reiht sich Baseball-Kappen-Geschäft, an Baseball-Kappen-Verkauf, an Baseball-

Kappen-Shop. Wer so einen Quatsch kauft fiel mir erst auf, als sich meine eigene Kopfbedeckung in einem Schaufenster spiegelte. Dann gibt es noch die unzähligen New-York-T-Shirt-Dealer, die die Dinger immer zu zehn Dollar im Vierer- oder Fünferpack verkaufen. Der Rekord liegt bei Sieben. Und es ist wirklich nicht schwer zu erraten welcher Idiot sie gekauft hat.

Es war an diesem Tag aber auch noch reichlich Zeit über den chaotischen Verkehr zu sinnieren. Wie das funktioniert bleibt unerklärlich. Sicher ist aber, daß niemand von uns in der Zeit unseres Aufenthaltes einen einzigen Unfall gesehen hat. Wahrscheinlich klappt das nur so gut, weil alle Fußgänger immer nur bei Rot über die Ampel hechten, Radfahrer die Gegenrichtung fünfspuriger Einbahnstraßen bevorzugen und der beliebteste Aufenthaltsort der tausenden Sackkarrenfahrer die Mitte einer Kreuzung ist. Daran könnte ich mich gewöhnen!

Die Wertschätzung eines Parkplatzes wurde uns eingehend durch eine Beobachtung unter Beteiligung der Feuerwehr demonstriert. Da sirente und hupte eines ihrer Einsatzfahrzeuge die Passanten bis zur Gehörlosigkeit, während ein PKW seelenruhig die just geortete Parkbucht sicherte. Daß der Löschzug hinter ihm dafür ebenfalls zurücksetzen mußte wurde dabei großzügig übersehen. Aber eindeutig begann das schusselige Auto zufrieden zu lächeln, als es endlich in der Lücke stand. Ach ja, die Hupe ...die hat uns bis heute verfolgt! Die Sirene der amerikanischen Feuerwehr kennt man ja aus allen möglichen Filmen. Das Hupen habe ich persönlich aber noch nie live gehört. Es ist Mark und Bein durchdringend und klingt so ähnlich wie eine chronisch verschnupfte Wildsau. Wohl ebenso fasziniert von dieser Kombination wie ich, imitierte sie Manuela verblüffend echt. Mit zweifellos großem Talent begann sie mit der langgestreckten Kolloratur des "...huiijuh...huiijuh..." der Sirene, um kurz darauf ihren Gesang mit dem gepreßten Schweinegrunzen der Hupe zu beenden. Es besteht kein Zweifel an der künstlerisch gelungenen Performance, doch irgendwie tat sie das am liebsten, wenn möglichst viele ahnungslose Passanten neben uns standen. Doch vielleicht war deren verzerrtes Gesicht auch Ausdruck höchster Bewunderung. Schließlich waren alle unsere Fersen, Ballen und Zehen endgültig plattgelaufen und es war wieder Zeit für's Hotel.

Wegen viel zu guter Organisation hatte Lutz aber immer noch nicht die Schnauze voll und mußte unbedingt noch die City-Pässe organisieren, die er schon vorbestellt hatte. Diese warteten im Untergeschoß des Empire-State-Building auf uns und mußten nur noch abgeholt werden. Also trappelten Rosi, Thorsten und ich mit. Die Drehtür am Eingang machte ihrer englischen Übersetzung alle Ehre. Amerikaner sagen "revolving door" dazu. Ich hingegen hätte eher zu Fleischwolf tendiert. Scheinbar hatten die hastig ein- und ausströmenden Menschen sie mit einer Zentrifuge verwechselt, denn ich klebte schon nach einer halben Drehung an der Wand. Zufälligerweise wurde ich aber an der richtigen Stelle ausgespuckt. Daß meine anderen drei Mitstreiter sich nicht noch bis heute darin drehen kann ich mir nur durch eine größere Erfahrung mit solchen Dingern erklären. Und nun waren wir ja auch unverletzt drin.

Schnell mal an irgend eine Schlange angestellt. Falsch! Dann versucht sich in der Mitte durchzuschlagen. Auch falsch! Erst als ein Bediensteter Lutz's extrem unauffälliges Winken mit seinem City-Paß-Bestellheftchen sah, schob dieser uns freundlich durch einen abgeschraubten Türrahmen an einem Seiteneingang. Das Piepen erinnerte mich daran, daß ich derartige Konstruktionen schon am Flughafen passiert hatte. Doch weder mein verwirrter Blick, noch der durchdringende Ton interessierte jemanden. Wenn ich drüber nachdenke, hat es bei solchen Detektoren bei mir immer gepiept. Besonders auf der Rückreise. Seltsam aber wahr, den dortigen Passagierfilzern war's irgendwie auch egal. Damit wieder schnell zurück an den Ort des Geschehens, einige Meter hinter dem Türrahmen. Dort stand ein schrankformatiger Schwarzer in Uniform und schaute uns fragend an. Wir schauten fragend zurück, bis wir seine Aufforderung verstanden hatten. Sie lautete: "Wollt ihr mich nicht irgendetwas fragen?!" So fragten wir ihn die fragliche Frage: "...City-Pass?", worauf er mit der selben deutschen Präzision erwiderte: "...second floor, left!" Dabei vollführte seine Hand die geschmeidige Bewegung wie in Michelangelos Gemälde in der Sixtinischen Kapelle und deutete uns den Weg. Nach dieser ausführlichen Unterhaltung fanden wir relativ schnell den Ausgabeschalter in einem düsteren Raum. Über zehn oder zwölf Serpentinen wand sich dort ein Lindwurm ungeduldiger Menschen, um Stunden später vielleicht ein Ticket zu ergattern. Rosi und Thorsten stürzten sich sofort an das Ende der Schlange, während ich im Augenwinkel eine bekannte Geste wahrnahm. Lutz fand offensichtlich

Gefallen an seinem Trick und fuchtelte schon wieder mit seinen Bestellkarten unter der Nase eines Bediensteten herum. Ruckzuck zerrte er uns beide vor einen der zwei geöffneten Schalter und hier bekamen wir prompt die Erklärung für die wartenden Menschenmassen. Die Dame, die uns hinter Plexiglas gegenüber saß, nahm in der Geschwindigkeit eines bekifften Chamäleons die sechs Bestellscheine entgegen. Sie zählte: "...one ...two ...three ...four ...five ...six". Danach fragte sie Lutz durch's Mikrophon : "How many people?" und Lutz antwortete: "Six... we are a great group!". Daß wir eine großartige Gruppe sind, hatte sie wohl angespornt den Vorgang zu wiederholen. Sie schaute angestrengt auf den Stapel der City-Pässe, der links vor ihr in ihrem Kabäuschen lag und zählte von oben nach unten: "...one ...two... three... four... five... six". Nun nahm sie abgezählte Menge in die sichtlich erlahmten Hände und legte sie einzeln vor sich hin. Während sie schien einen Royal-Flush aufzudecken zählte sie wieder: "...one ...two ...three ...four ...five ...six". Einige lange Sekunden später begann sie auf ihrer Kasse herumzuspielen, die schließlich Beträge um 250 Dollar anzeigte. Da die Pässe schon längst bezahlt waren stierte Lutz ziemlich beunruhigt auf das Display. Das Erlebnis mit der Dame am Schalter war aber erst vorbei, als sie nach endlosem Gerechne den ganzen Quatsch einfach wieder aus der Kasse löschte und uns die sechs Pässe mit spitzen Fingern durch die Glasscheibe schob. Wie bedauerte ich die armen Menschen, die noch in der Schlange standen und nicht wußten, daß die derzeitige Herrin über Einlaß oder Abweisung in einer Zeitschleife gefangen war. Nun, wir hatten was wir wollten und verließen das berühmte Gebäude. Auch diesmal ohne von der Drehtür zerhackt zu werden. Kurzer Turn nach rechts und nach ein paar hundert Metern waren wir schon am Flat Iron. Dieses spitzwinklige Bauwerk ist genau so beeindruckend, wie es auf allen Postkarten wirkt. In diesem Moment viel beeindruckender war jedoch das Kneipenschild mit der Aufschrift Guinness. Unsere dehydrierten Körper zog es dort hinein und wir bestellten drei Bier und ein Wasser. Irgendwann sagte mir Irgendwer einmal, daß ein Glas Wasser in Amerika nichts kostet. Meine Zweifel diesbezüglich waren beseitigt, als ich unsere Rechnung sah. Denn charmanterweise war dort neben den drei Bieren zu 4,50$ auch das Wasser mit 0,00$ aufgelistet. Ich weiß zwar nicht warum, aber ich fand das richtig schnuckelig. Es wurde Zeit zum Aufbruch und wir machten uns auf den Weg ins Hotel. Pünktlich beim Verlassen der Lokalität begann es erneut zu regnen. Unser Fußmarsch schlängelte sich durch allerlei Gassen, wobei ich mal wieder nicht die geringste Ahnung hatte, wo wir waren. Plötzlich verschwand Thorsten in einem Geschäft. Wir drei Übrigen sahen uns unseres Scouts beraubt und warteten brav vor dem Laden auf unser lebendiges Navigationssystem. Unterdessen entwickelte sich der Regen zu einer handfesten Sintflut, die uns nicht nur interessehalber zwang unsere Nasen an die Schaufensterscheibe zu pressen. Was der Kerl da drinnen machte war uns ziemlich scheißegal-Hauptsache er kommt schnell wieder raus, damit wir auf den letzten 200 Metern nicht so naß werden würden. Dann kam er aus dem Laden gestiefelt und nannte nun einen qualitativ hochwertigen Regenschirm sein Eigen. Sofort erklärten wir ihn für völlig bekloppt, für den letzten Fünftelkilometer noch einen Schirm zu kaufen. Thorsten erwiderte nur kurz: "Neunundneunzig Cent", worauf mich fast Lutz's Windschatten umriß, als er seinerseits in das Geschäft hechtete. Kurz darauf trotteten wir bewaffnet mit zwei nagelneuen Schirmen weiter und erreichten trockenen Hauptes das Hotel.

Epidemisch breitete sich der altbekannte Sektdurst aus, so daß wir kaum eine halbe Stunde später wieder auf einem unserer Zimmer zusammen saßen. Lustig knallten die Korken und jeder hatte eine witzige Geschichte auf Lager. So auch Manuela, die von einer Kollegin erzählte, die einen außergewöhnlichen Nachnamen hat. Als diese einstmals Telefondienst hatte und sie sich mit "Mallorca" meldete, legte die Dame am anderen Ende erschreckt auf. Beim zweiten mal platzte es aus ihr heraus: "Aber ich wollte doch... Mist, das wird teuer!!!". Erst beim dritten Versuch hatte Frau Mallorca genügend Zeit, um der geschockten Anruferin die Sachlage zu erklären. Diese Story war ja eigentlich schon lustig genug- ein einziger telepathischer Blick löste jedoch bei Thorsten und mir einen an Wahnsinn grenzenden Lach-Flash aus. Verdutzt wunderten sich die anderen minutenlang was wohl unser geistesgestörtes Gelächter ausgelöst haben mag, bis Thorsten, von unkontrollierbaren Kicherkrämpfen geschüttelt, kommentierte: "Was sagt ihr Freund auf die Frage, wo er gestern Abend war?". Und mit Tränen in den Augen antworteten wir beide unisono: "...in Mallorca!!!" So ging das alberne Gegacker weiter und bevor nicht auch die letzte der restlichen vier Flaschen Sekt vernichtet war, konnten wir einfach nicht aufhören.

Tags drauf wachten wir mit einem anständigen Zwerchfellmuskelkater auf, der uns immer wieder an den Vorabend erinnerte. Des Morgens suchten wir eine Frühstückeria auf, in der man uns äußerst wohlschmeckende Omelettes zwischen zwei Brötchenhälften matschte. Von dort aus wälzte sich unser Treck in Richtung Times-Square, wo wir hofften eine Haltestelle der Buslinie M42 vorzufinden, um damit zum Pier83 zu gelangen. Hier lag das Boot, das uns laut City-Pass als Circle-Line um Manhatten rumschippern sollte. Auch dieses erreichten wir problemlos, kamen aber rund eine halbe Stunde vor der geplanten Abfahrt an. Deshalb blieb uns noch etwas Zeit, um nebenan schon mal einen Blick auf den Intrepid Flugzeugträger zu werfen. Wie für Manuela bestellt, fuhr in diesem Moment ein erster Feuerwehrwagen in die Einfahrt des Marine-Museums, dessen Sirene sie zu einem sängerischen Wettstreit aufforderte. Meines Erachtens gewann sie souverän, denn alle anderen Passanten, die das Spektakel beobachteten vergrößerten respektvoll den Abstand zu ihr. Selbst die Insassen des Löschzuges schienen wie paralysiert und lauschten neidisch der unerwarteten Konkurrenz. Dieser Vorgang wiederholte sich mit jedem weiteren eintreffenden Fire-Fighter-Fahrzeug, bis wir endlich richtig Platz um uns herum hatten. Niemandes Körper versperrte uns mehr den Blick, leider gab es aber auch nichts zu sehen. Obwohl Rosi überall unsichtbaren Rauch entdeckte, war es eine Übung. Also kehrten wir nach diesem interessanten Unterhaltungsprogramm zum Ausflugsdampfer zurück. Mit Entsetzen stellten wir fest, daß inzwischen zwei Busse pickeliger Teenies den Eingang verstopften und bereiteten uns mental schon auf das Schlimmste vor. Auch der Mensch, der am Einlaß die Aufgabe hatte jeden Passagier nach verbotenen Gegenständen zu durchsuchen stand das Grauen ins Gesicht geschrieben. Ich war der Letzte unserer Gruppe und hatte den kleinen Mann erst gar nicht registriert, da er komplett von meinem Vordermann verdeckt war. Nun stand er plötzlich zwanzig Zentimeter vor mir und schaute mir verblüfft unter's Kinn. Ich kam überhaupt auf nicht auf die Idee mich durchsuchen zu lassen. Stattdessen griff ich intuitiv in meine Jackentasche und forschte nach einem Leckerli. Der Mann war wohl um die Vierzig, sein Gesichtsausdruck jedoch um glatte fünfunddreißig Jahre jünger. Aus großen Augen schaute er mich erwartungsvoll, wie ein Kind vor dem weihnachtlichen Gabentisch an, als er ein wohlschmeckendes Kittekat entgegennahm. Nachdem er sich wieder an sein eigentliches Alter erinnerte lachte er herzlich und beschleunigte meinen Eintritt mit einem freundschaftlichen Klaps auf die Schulter. Diese Fütterung war gelungen und ich freute mich darüber wahrscheinlich noch mehr, als er.

Ich arbeitete mich bis auf's Sonnendeck vor, wo der Rest der Truppe schon Platz genommen hatte. Noch ein paar Minuten und das Schiff legte ab, während gleichzeitig so etwas, wie ein Conferencier wasserfallartig Worte auf sein Mikrofon rotzte. Von dem was er sagte verstand ich nur die Hälfte, denn meistens schaute ich in die falsche Richtung. Anstelle der blankgeputzten Hochhausfassaden richtete sich mein Augenmerk eher auf die unbekannten Seiten New Yorks. Da waren zum Beispiel die schrottreifen Hafenanlagen von Brooklyn, Ruß- und Reifengummi geschwärzte Stoffetzen, die unter der Manhatten-Bridge hingen und viele andere abgefuckte Ansichten, die einen eigenen New York-Kalender wert gewesen wären. Fasziniert war ich aber auch von dem überaus breiten Pferdearsch, den die Erbauer der Liberty Statue verpaßt hatten. Seit dieser Zeit nenne ich sie nur noch Freiheits-Stute. Die Bootsfahrt näherte sich nach anderthalb Stunden langsam dem Ende. Das war auch gut so, denn bei einem Bierbüchsenpreis von lächerlichen sechs Dollar hätte man sich leicht komplett ruinieren können. Trotz des gemütlichen Ausflugs waren wir ganz froh, daß das Land nicht annähernd so doll schaukelte wie unser Schiff. Es hatte zwar niemand sein Omelettebrötchen den schuppigen Bewohnern des Hudson-Rivers zur Verfügung gestellt, aber über dem Wasser war es dann doch etwas kühler, als in unseren Bierbüchsen. Wir watschelten also durchgefroren rüber zum Flugzeugträger und boten jedem wärmenden Sonnenstrahl unsere Breitseite. Davon gab es viele und sie begleiteten uns ab da bis zu unserer Abreise.

Aber erst fielen wir nochmal über das Intrepid-Museum her und kamen rechtzeitig zum Beginn eines Filmes an. Im Schacht eines Aufzuges, mit dem vormals die Kampfjets auf die Startrampe gehievt wurden hatte man ein Kino installiert. Dort bekamen wir endlich das, was wir von den amerikanischen Medien so sehnsüchtig erwarteten. Sauberste Militärpropaganda, bei der ausschließlich saugut aussehende Helden, patriotisch über ihr bedrohtes Vaterland philosophierten. Weil wir aber schon im Hotelzimmer fleißig Fernsehen geschaut hatten wurde uns unweigerlich klar, daß das gar nicht in dem Maße statt fand, wie wir dachten. Besonders der Sender CNN berichtete erschreckend neutral über die neuesten Entwicklungen im Irak-Konflikt, zweifelte gelegentlich Regierungsmeldungen an, und verschwieg auch nicht die zahllosen Demonstrationen im eigenen Lande, an denen immer mehr Kriegsgegner teilnahmen. Zufrieden mit dieser Erkenntnis verließen wir den Saal und schauten uns, nach den Soldaten im Film, alle anderen Tötungsmaschinen auf dem Schlachtschiff an. Auf die Besichtigung eines nebenan geparkten U-Bootes verzichteten wir. Nicht nur, weil sich dort gerade eine Schlange neugieriger Touristen tummelte, sondern auch weil diesen bedauernswerten Kreaturen eine Plexiglas-Schablone den Weg versperrte. Nur, wer seinen Körper nach Art einer Sahnepresse dort hindurchquetschen konnte wurde eingelassen. Alle anderen wurden gnadenlos ausgemustert. Trotz ausreichend bescheidener Maße war uns das zu blöd. Deshalb entschieden wir uns den angegliederten McDonald aufzusuchen und durch das Anfressen eines korrekten Ranzens die Möglichkeit jeder Rückkehr zu verhindern. Lutz trat dabei mit besonderem Eifer hervor und verteilte außer einer Armada gigantischer BigMacs auch noch sämtliche Saucen auf seinem Hemd. Auch der Boden des Lokals profitierte davon, denn nach Verlassen des Tisches erblickte ein ausdrucksstarkes Action-Painting das Licht der Welt. Wir jedoch, mußten nun weiterziehen und überließen dieses Werk der Allgemeinheit. Ob der Restaurantbetreiber es sofort oder später gerahmt hat, ist uns unbekannt.

Zu Fuß ging es zurück zum New Yorker. Aber nicht ohne den gesundheitsschädlichen Mangel an Sekt auszugleichen, den wir Tags zuvor in unserem jugendlichen Leichtsinn verursacht hatten. Dank Thorstens unübertroffenem Spürsinn für Alkoholquellen infiltrierte er in einen vergammelten Kellerladen und spendierte drei Six-Packs Ersatzflüssigkeit. Mit dieser Ausstattung fiel das Laufen gleich viel leichter, denn überdies war sie pro Dose um erwähnenswerte 4,75$ billiger, als das Zwölfmarksbier das wir auf der Circle-Line gepumpt hatten.

Schließlich fanden wir uns auf unseren Hotelzimmern wieder, wo ich einen kleinen Mittagsschlaf für angebracht hielt. Erst bei Dunkelheit wollten wir das Empire-State-Building erklimmen, es blieb also noch genug Zeit sich ein bißchen auszuruhen. Im Bett liegend, versuchte ich erfolglos einzuschlafen. Ob es mir nicht gelang, weil mir die BigMacs zu schwer im Magen lagen oder ob das Schiffsschaukeln sich bei mir erst mit Stunden Verspätung auswirkte war mir total egal. Auf jeden Fall war mir kotzübel. Doch mit dem verantwortungsvollen Gefühl der deutschen Sparsamkeit verpflichtet zu sein, unterdrückte ich die körperliche Konsequenz und vermied es den Namen "...Jööörrgg..." mehrfach über der Kloschüssel auszusprechen. Niemals hätte ich mir verzeihen können, das vorverdaute Menü, das von Rechts wegen den Fischen des Hudson-Rivers zustand an die Kanalisation zu verschwenden. Folglich behielt ich es drin und wurde dann auch für mein tugendhaftes Handeln mit einem kurzen Nickerchen belohnt. Das Klicken der Tür beendete meine Träume, als Thorsten von seinem neunundvierzigminütigen Telefonmarathon zurück kam. Er stand liebestrunken im Zimmer, während ich mich der Schlaftrunkenheit am Kissen schuldig machte. Doch es half alles nichts. Es dämmerte schon und wir mußten uns für's Empire-State fertig machen.

Gesagt, getan, und in Rekordzeit waren wir alle schon wieder auf den Straßen Manhattens unterwegs. Die Drehtür vor King-Kongs Klettergerüst sah immer noch bedrohlich aus, doch wir überwanden sie erneut ohne Verluste. Danach erwartete uns eine kuschelige Liftfahrt in die achtzigste Etage, um danach mit dem gleichen Troß ramponierter Mitbürger in den nächsten Aufzug gestopft zu werden. Schließlich, über sieben Ecken und acht Menschenschlangen auf der Aussichtsplattform angekommen, wurden wir mit einem monumentalen Blick über das nächtliche New York entschädigt. Völlig überfüllt mit Menschen aus aller Welt ergatterte man von Zeit zu Zeit einen Platz an der Sicherheitsbrüstung. Dies regte enorm meine Speichelproduktion an, denn ich wollte allen vorherigen Besuchern in Nichts nachstehen. Sicher hatten bereits sämtliche Völker über dieses Geländer gespuckt und so erwies ich, als Botschafter meines Heimatlandes, der Bundesrepublik, ebenfalls die Ehre... Kein Zweifel, dort unten war alles international vollgerotzt. Ein weiterer deutscher Placken konnte nicht schaden! Thorsten glaubt allerdings immer noch, daß der feuchte Niederschlag, den man in Manhatten selbst im Hochsommer abbekommt aus der Abluft der Klima-Anlagen stammt.

Zwanzig, dreißig Minuten blieben wir dort oben, bis wir uns entschieden wieder talwärts zu rasen. Noch fester verkeilt als zuvor klemmten wir uns in den Aufzug. Im Gegensatz zu allen Fahrstuhlreisen, die ich je unternommen hatte herrschte hier ein wildes

Geplapper, statt betretenes Schweigen. Auch der nötige Druckausgleich nach einigen hundert Metern Höhenunterschied hemmte den Redefluß nicht. Es war sogar eher förderlich, denn wir alle hatten etwas gemeinsam. Zusammen gaben wir das Bild eines Goldfischglases ab, bei dem jedes Exemplar in regelmäßigen Zeitabständen das Maul aufriß. Jeder japste zwischendurch im Rhythmus der Etagen, um seine Eustachische Röhre, bis zum Trommelfell freizublasen. Egal welcher Herkunft oder Sprache, das war bei allen gleich. Phantastisch fand ich dann die Bemerkung eines jungen amerikanischen Bürschchens, das frei übersetzt sagte: "Sechs Sprachen in einem einzigen Aufzug- das find' ich toll!". Sofort schoß mir durch den Kopf, daß ich gerade auf der Aussichtsplattform Zeuge einer biblischen Geschichte geworden war. Dort oben war das Sprachengewirr des Turmes von Babylon überaus lebendig!

Der Lift hielt an, öffnete sich und gab den Blick frei auf eine schelmisch rotierende Drehtür. Sie hatte sichtlich Spaß an ihren Pirouetten und noch immer wirbelte sie die todesverachtenden Menschen durcheinander, die sich selbst bis in den roten Bereich beschleunigten. Mir war das einerlei, denn inzwischen hatte ich ja ausreichend zentrifugale Erfahrungen gesammelt. Ich war nun überzeugt, daß wie gewohnt alle meine wichtigen Gliedmaßen an ihrem angestammten Platz bleiben würden. So hüpften wir nacheinander zwischen zwei Flügel und ließen uns willig nach draußen schießen. Eigentlich wußten wir gar nicht so richtig was wir mit dem angebrochenen Abend jetzt machen sollten. Aber ein kurzer Blick in Richtung Flat Iron nahm uns die

Entscheidung ab. Mit unnachgiebiger Entschlossenheit befahl uns das Trottoir nochmals in die Guinness-Kneipe einzufallen. Wir gehorchten klaglos. "Schau mal an!" dachte ich beim Eintreten, als ich erstmals den Türgriff des Lokals näher betrachtete. Ein Flat Iron! Irgend jemand hatte sich da richtig Gedanken gemacht und tatsächlich ein flaches Bügeleisen an die Pforte geschraubt. Sauber! Dreißig Sekunden später saßen wir bereits am Nebentisch dreier amerikanischer Ureinwohner. Wie wir da so rumsaßen, palaverten und unsere Betriebsstoffe schlürften, kroch auf einmal ein weit verbreitetes Nagetier unter dem Fernsehtisch hervor. Dann begann es zu piepsen. Voller Sorge um mein eventuell im Aufzug des Empire-State-Building zerstörtes Gehör registrierte ich, daß die Urheberin dieses Geräusches keinesfalls die winzige Maus war. Beruhigt war ich erst, als ich irritiert den Kopf drehte und neben mir eine andere kleine Maus sah. Sie stand auf ihrer Sitzgelegenheit und äußerte wiederholt ihr Entsetzen in extremen Frequenzbereichen. Eindeutig bewies ihr Kreischen, daß die Goldfischgymnastik im Lift also doch was genützt hatte. Meine strapaziertes Gehör war in Ordnung und ich meiner Gesundheit wegen erleichtert! Unsere Mäuse hingegen, Rosi und Manuela, fanden das ganze Spektakel sehr witzig, worauf hin der eine oder andere belustigende Spruch die Tische wechselte. Während die kleine Kreatur auf dem Boden - ebenfalls ziemlich irritiert- von einer Ecke in die andere sauste und dabei augenscheinlich die derjenigen bevorzugte, deren Beine nicht mehr im Weg standen, brach ein mittelheftiger Tumult aus. Das Personal, angeführt von einem zwei Meter großen, und fast genau so breiten Schwarzen, bewegte sich auf uns zu. Dahinter die Kellnerin. Und hinter ihr ein schmächtiger Bierflaschenwegräumer. Zuerst sondierte der gigantische schwarze Schwarze die Lage, um dann siegessicher zu entscheiden, daß der Kampf mit der Bestie durch die Infanterie gewonnen werden sollte. Nachdem das Fußvolk in Person des schmächtigen Bierflaschenwegräumers seine Order erhalten hatte, trat er selbst den Rückzug an und ward nie mehr gesehen. Der Bfw indessen, stürmte hinter die Bar und holte seine Latexhandschuhe. Sofort darauf stürzte er sich auf die arglose Maus und setzte ihr mit beherzten Sprüngen nach. Bis hier hin würde ich sagen; so eine Klischeescheiße kommt nur in billigen Filmen vor. Ich bestehe jedoch darauf, nur durchschnittlich geisteskrank zu sein und schildere lediglich, was sich tatsächlich zugetragen hat. In der Rekordzeit von weniger als zehn Sekunden hatte der Bfw das Getier aus einem Pool von mindesten hundertzwanzig Stuhl- und Tischbeinen geschöpft. Saublöd schaute sie nun zwischen seinen Gummifingern hervor. Ich habe keine Ahnung ob die beiden sich schon vorher kannten und diese Nummer einstudiert haben. Jedenfalls bekam der Tierbändiger einen phrenetischen Applaus und setzte seine Trophäe mit einem schmusigen Lächeln sanft vor die Tür.

Nun erschien auch noch ein junger, gut aussehender Typ, der aus seinem braungebratenem Gesicht Anweisungen an die Bediensteten gab. Neidvoll mußte ich hinnehmen, daß das wohl der erfolgreiche Besitzer war, der gerade allen Augenzeugen eine Runde Bier ausgab. Als flüssiges Schweigegeld hat es jedoch nicht getaugt, denn kaum hatten wir es ausgetrunken kam eine alte Bekannte in das Pub, um sich wegen der nächtlichen Kühle etwas aufzuwärmen. Die Maus. Und zwar die selbe! Offenbar hatte sie draußen brav gewartet, bis ihr jemand höflich die Tür aufhielt. Obwohl wir schon allerlei Ideen entwickelten, ob ihr Talent vielleicht in Zukunft nützlich sein könnte, ließen wir sie dort. Auch der Gedanke beim nächsten Kneipenbesuch getrocknete Kakerlaken, statt Bargeld mitzunehmen verwarfen wir wieder. Uns zog es nun heimwärts, zurück in die Schlafstube. Damit endete ein weiterer schräger Tag. Der heilige Sonntag brach an, und wir brachen mutig zur Emmanuel-Baptist-Church auf. Alle hatten sich fein gemacht, um dort, in welcher Form auch immer, dem Schöpfer gegenüberzutreten. Wir hatten einen Termin mit ihm um sieben Uhr dreißig, neun Uhr dreißig oder elf Uhr dreißig, wie uns zwei Tage zuvor einer seiner Propheten, namens Stefan bedeutete. Unweigerlich kam mir wieder meine aufregende Verschwörungstheorie in den Sinn, doch mein verwirrter Geist strafte die Realität mit Gleichgültigkeit. Nach den paar Tagen New York hatte ich mein Leben gelebt und konnte zufrieden sterben. Also bestiegen wir die U-Bahn nach Brooklyn, um vorher noch eine mögliche Henkersmahlzeit zu verzehren. Natürlich bei unserer liebgewonnenen Francis. Der Transfer dort hin verzögerte sich jedoch um einige Minuten, als die Bahn mitten auf der Strecke abrupt stoppte. Eine Durchsage der Polizei tönte bleiern durch das Abteil. Die 59th Street sei evakuiert worden, man bitte um Geduld usw. Da ich davon keine hatte, suchte ich Zerstreuung indem ich noch ein wenig an meinen Theorien weiterstrickte. Die CIA war langweilig geworden, also ersetzte ich die Protagonisten meiner Vorstellungen mit Voodoo-Priestern und blut-spritzenden Opferzeremonien. Zum Aufwärmen erst mal ein paar Hühner, dann der Reihe nach wir. Als ich selbst an der Reihe war, stellte ich fest, daß Thorsten ebenfalls eine kurzweilige Beschäftigung gefunden hatte. Nach jeder scheppernden Lautsprecherdurch-sage übersetzte er den anderen willig. Nur nicht das, was die Stimme sagte. Mit einem letzten Hinweis darauf, daß wir alle höllisch aufpassen sollten, bei der Flucht aus dem Tunnel bloß nicht die strom-führenden Schienen zu berühren schloß er seine phantasievolle Interpretation ab. Damit arbeitete er mir unbewußt zu und verkürzte das Voodoo-Szenario um die Anfangssequenz. Nun war zwischen uns und einem gackernden Hühnerhaufen kein Unterschied mehr zu erkennen. Phase eins und zwei meines geistigen Drehbuches konnten folglich kombiniert werden und ergaben eine maximale Zeitersparnis. Ein Ruck beendete meinen Ausflug in die Vorstellungskraft. Wir fuhren weiter. Thorsten war sichtlich zufrieden und verzichtete darauf, die Entschuldigung des Zugführers für die Verspätung mit weiteren kreativen Ideen zu garnieren. Doch schon waren wir, diesmal an der richtigen Station angekommen und schlenderten zu Freundin Francis. Hier bekamen wir genau wie beim letzten "Mahl", ein gewohnt gutes Frühstück, sowie eimerweise Kaffee, der entgegen allen Gerüchten nicht nur nach finste-rem Spülwasser schmeckte. Die Bezeichnung des-sen, was Rosi und Joachim auf dem Teller hatten, habe ich jedoch schnell wieder verdrängt. Es war ein Stück Weißbrot, vollgesaugt mit Eierpampe und dann irgendwie erhitzt. Dazu gab es Ahornsirup und angebrutzelte Speckfahnen. Ihnen muß das wohl gemundet haben, denn es war bereits das zweite mal, daß sie es bestellten. Für mich sah das jedoch eher wie brandverletzte Fingernägel aus, die sich schraubenförmig und schmerzverzerrt über ihrem Sterbebett aus Brotpampe wanden. Trotz geringer Heilungs-Chancen kümmerten sich beide liebevoll um ihre Pflegefälle und gossen mit Hingabe, die aus kanadischem Baumsaft hergestellte Wundsalbe darüber. Indessen nahm ich schemenhaft ein Rot-Kreuz-Häubchen auf Rosis Kopf wahr, während Joachims Kleidung sich zu einem Chirurgenkittel verwandelte. Geschickt operierte er auf seinem Teller mit restauranteigenem Skalpell und Fixierhaken. Doch trotz übermenschlicher Anstrengung schien eine Rettung unmöglich. Trotzdem stellte er sich entschlossen dem Kampf gegen das sinnlose Dahinscheiden des lebensgefährlich verletzten Fingernagels. Das nahe Schicksal ankündigend, rannen ihm Schweißperlen über die Stirn. Vergeblich. Er hatte den Patienten verloren. Der Verblichene trat nun die Reise ins Totenreich an und führte ihn über die Grenze zum Jenseits. Das heißt, nach Überqueren des im Mund gelegenen Speichelflusses, jenseits Joachims Dickdarm. Er ruhe in Frieden!

Damit widmete ich mich wieder meinem Omelette, das sich quietsch-fidel neben die Pommes gelümmelt hatte. So provozierend, wie es da so in der Gegend rumräkelte, hatte es eine Lektion verdient. Abgesehen davon, daß Chefarzt Joachim auch nur Sterbehilfe geleistet hatte, bekam ich Lust auf ein korrektes Massaker. Bevor ich jedoch die Eierkuchen in Stücke riß und die Pommes in Ketchup ersäufte, erfand ich ein neues Spiel. Es hieß Milch aus variabler Höhe in den Kaffee fallen lassen. Die Regeln waren einfach. Wer die Kaffeetasse traf hatte verloren. Das Spiel fand fürderhin großen Anklang, denn unter uns gab es ausschließlich Gewinner. Den Punktestand zu ermitteln bereitete jedoch einige Schwierigkeiten, da er sich auf der "Anzeigentafel" etwas verschwommen darstellte. Er mußte zwischen unseren Gedecken und den Gewürzständern in Litern abgelesen werden. Was soll's. Hauptsache es hat Spaß gemacht.

Die Zeit war gekommen sich noch mal nach dem Weg zu dieser Baptistenkirche zu erkundigen. Francis schickte uns jemanden, der sich in Brooklyn auskannte und uns gern erklärte, wie wir dort hin kämen. Beim Aufstehen wuselten alle durcheinander. Die einen nochmal auf's Töpfchen, die anderen nach draußen. Und Thorsten? Da seh' ich den Kerl doch schon wieder, wie er am Nebentisch wildfremden Leuten tüchtig die Hände schüttelt. Da fiel mir nichts mehr ein! Er vereint unzweifelhaft die Attribute, zutraulich, agil und stubenrein. Aber endlich erkannten auch meine Pupillen, die bereits so viel gesehen hatten den liebenswerten Mörder, Schwerverbrecher und Drogendealer, der uns am zweiten Tag "Frühstück bei Francis" empfohlen hatte.

Nun mußten wir aber los. Die Frage, ob New York vielleicht das Synonym für eine halluzinogene Droge ist, beschäftigte mich seitdem. Vielleicht hatte mir ja irgendwann jemand was ins Essen getan und ich bin auf dem Trip hängengeblieben. Zugegeben, ich hatte in grauer Vorzeit schon mal an sowas genascht. Aber das war natürlich nur ein Selbstversuch im Dienste der empirischen Wissenschaft. Ob der Baptistenpfarrer Rat weiß? "Eher nicht", dachte ich, als wir uns an der Pforte ganz unauffällig durch einen Pulk farbiger Gläubiger schoben (lustiges Wort!). Unversehens waren wir drin und hoben uns als weiße Farbtupfer von den überbordenden Menschenmassen ab. "...geile Kirche und gut besucht!" war wahrscheinlich unser kollektiver Gedanke. Nebenbei bemerkte ich, daß jeder von uns hilfesuchend die Örtlichkeit nach Stefan abscannte. Nur er hätte uns sagen könne, was wir jetzt tun sollen, wo wir uns hinsetzen dürfen, und so weiter und so fort. Aber außer unseren leuchtenden Bleichgesichtern hatten wir keinen blassen Schimmer. Bevor es jedoch peinlich wurde, rettete uns eine freundliche Dame uns aus der Situation. Scheinbar hatte sie Mitleid mit den sechs farblosen Gestalten, die sich kopfkratzend an einer Säule herumdrückten. Sie geleitete uns zu einer Sitzreihe genau in der Mitte und öffnete eine vorgehängte Bordüre, als ob der Platz für uns reserviert gewesen sei. Ich indessen, schlich auf der anderen Seite des Ganges entlang und kraulte durch die einströmende Bürgerschaft. Dann spürte ich etwas relativ weiches unter meinen Füßen und folgerte, daß mein Absatz gerade über den kleinen Zeh eines Fußes glitt, der nicht zu mir gehörte. Nachdem der Geschädigte sich mit "...oh, sorry!!!" für seine Ungeschicktheit entschuldigt hatte, durch seinen Fuß den Kontakt meines gesalbten Körpers zum Boden verhindert zu haben, fragte er mich: "Where do you come from?". Und "Germany" war natürlich die Antwort. Darauf er, wörtlich und buchstabengetreu: "...ja super! Herzlich willkommen in New York ...find' ich toll, daß ihr hier her kommt!". Ich war sowas von verdutzt, daß ich in den folgenden zwei Minuten unserer Unterhaltung den größten Teil meiner Muttersprache vergessen hatte. Ich konnte nur noch dummes Zeug stammeln und war absolut fasziniert. Sein Deutsch war um drei Kategorien besser, als meines, sowohl in Aussprache, als auch Wortwahl. So ließ er mich schließlich als geistiges Wrack zurück und gab mir die Freiheit demütig zu den anderen auf die Bank zu schlüpfen. Das war gar nicht so einfach, denn inzwischen saß dort eine Frau, über die ich erstmal drüberturnen mußte. Daß sie das wohl ganz süß fand, wenn ein verschämt grinsender Bube sich zu seiner Schutz verheißenden Rotte durchkämpft, bemerkte ich, als weit über hundert Fragezeichen um meinen Kopf sausten und nach einem Platz für meine Jacke forschten. Meine Sitznachbarin strahlte mich an, nahm mir die Jacke ab und drapierte sie mit einem gekonnten Hüftschlenker zwischen uns. Das fand ich zwar sehr sympathisch und bedankte mich auch höflich, aber dennoch bevorzugte Ich es mich betreten umzuschauen. Extremstes Interesse mimend, achtete ich peinlichst genau auf das, was nicht geschah. Es geschah nichts. Lange Zeit gar nichts. Bisweilen sogar überhaupt nichts. Das führte dazu, daß ich schon die komplette Kirche leergeschaut hatte und mich wunderte, ob noch etwas an Sichtbarem für die anderen übrig blieb. Erlösend begann der Einmarsch der Gospelgruppe. Fast ausschließlich weiblich und ausgesprochen dekorativ! Ein stimmgewaltiger Anheizer befand sich ebenfalls schon auf der Bühne, falls man das in einem Gotteshaus so nennen darf. Anheizer, meine ich. Selbiger fing an zu reden, während das Klavier hinter ihm zu sprechen begann. Langsam wurden seine Worte rhythmisch und nach und nach setzte die Band ein. Nun steigerte der Chor die Musik ins

Ekstatische, bis alle aufstanden und mitsangen. Auch ich trällerte entzückt aus vollem Halse. Minutenlang gab ich mein Bestes und verstummte erst, als mir bewußt wurde, daß ich weder den Text kannte, noch einen einzigen richtigen Ton traf. Wie sehr müssen die maximalpigmentierten Sangestalente vor mir gelitten haben? Ich bedauerte das zutiefst und bewunderte sie für ihre Tapferkeit. Die Musik verklang und richtete die Aufmerksamkeit auf eine Frau, die hinter dem Altar auf einer Art Sitzgruppe Platz genommen hatte. Sie saß mit einer unglaublichen Selbstverständlichkeit dort. Ganz so, als wäre es ihr Wohnzimmer und erwartete lässig die nächste Gameshow. Fehlte nur noch, daß sie die Fernbedienung auf volle Lautstärke stellte, um das Rascheln der Chipstüte zu übertönen. Doch als der letzte Akkord seinen Atem ausgehaucht hatte, ging sie an den Altar und rezitierte ein persönliches Schreiben an ihren Gott. Was sie ihm zu erzählen hatte bekam ich nicht so richtig mit, denn ich war immer noch auf der Suche nach Stefan. Mit kontorsionistischer Beweglichkeit schraubte sich mein Hals in alle Richtungen, aber er wollte einfach nicht auftauchen. Der nächste Gospeleinsatz forderte uns auf im Takt mitzuklatschen. Ein schwerer Fehler des Anheizers war es jedoch im Beisein deutscher Harmonie-Legastheniker zusätzlich eine schlangenartige Schulterbewegung zu fordern. Total durcheinander zappelten wir von Rechts nach Links, kamen beim Klatschen aus dem Takt, um schließlich bei einem urdeutschen Bierbankschunkeln zu enden. Völlig klar, daß das immer entgegengesetzt zu allen übrigen Kirchenbesuchern geschah! Eigentlich hätte mich das nicht weiter gestört, aber die Sitzordnung brachte mich in eine prekäre Lage. Die Dame rechts von mir, die sich so nett um meine Jacke gekümmert hatte, bewegte sich elfenhaft mit der ganzen Audienz, die weiße Riege links von mir, dagegen. Deshalb war ich ständig auf Kollisionskurs und es blieb mir keine andere Wahl als offensichtlich epileptisch, nach hinten und vorne zu wackeln. Mein Gott, womit hatte ich das verdient?!?

Irgendwann betrat unbemerkt auch ein Priester das Wohnzimmer und begann mit seiner Predigt. Predigt...? Nö!!! Der gute Mann hatte zwar eine würdevolle Sultane an, in der normalerweise nur verklemmte Zeigefinger-schwinger stecken, das hinderte ihn aber nicht daran sich selbst zu verarschen. Schallendes Gelächter hallte immer wieder durch den gesamten Saal. Der Typ war einfach klasse! Am lustigsten war er anzusehen, wenn sein Grinsen über einen gelungenen Gag bis zu den Ohren ging. Aber nicht, daß er eine Art Komiker gewesen ist, im Gegenteil. Über den Irak-Krieg sagte er sinngemäß und ausführlich, daß er ihn zum Kotzen und nach Hause gehen fände. Und dann schaffte er das, was bisher noch niemand bei mir fertig gebracht hatte. Er erklärte uns, was Glauben überhaupt soll, und gab sozusagen eine schmunzelnde Bedienungsanleitung für Religion. Wer wissen will, wie er das so plausibel hingekriegt hat soll selbst hinfahren. Er kann das mit Sicherheit besser rüberbringen, als ich. Trotzdem ist er schuld an eurem Leiden, denn nach seiner Rede fiel meine Entscheidung, daß ihr jetzt diesen Quatsch lesen müßt! Zur Strafe bekommt er auch ein Exemplar, sobald es fertig ist.

Am Ende kann auch der noch perfekt Deutsch- das wäre dann ein sauberes 3:0 für das schwarze Team!

Schade, daß wir nicht noch ein kleines Schwätzchen mit dem einen oder anderen Kirchenbesucher gehalten haben, doch das Achtzehnerpack Budweiser lockte uns ohne Umwege wieder zu dem Supermarkt um die Ecke.

Sonntags war das Ding geöffnet und so begab es sich, daß Thorsten die nächste Gelegenheit witterte seine Hotelschubladen endgültig zum Platzen zu bringen. Was Jäger T. bis dahin schon an amerikanischen Fressalien und Mitbringseln dort reingequetscht hatte war schon nicht übel, aber keinesfalls ein Grund sich nicht noch zu verbessern zu können. So raste er mit seiner Schubskarre durch den Markt und wirkte überwältigt von der Leichtigkeit, sich vom Ballast grüner Zettel und runder Metallstücke zu befreien. Lutz hingegen stürmte direkt zur Tränke, an der das Budweiserpack wiedertraf, das er seit dem ersten Besuch so sehr vermißte. Als die beiden glücklich vereint an der Kasse standen wurden sie jedoch unsanft getrennt. Der Abschied fiel ihm sichtlich schwer, als die Kassiererin seine 18 Freundinnen beiseite legte und erklärte, daß sie sie Sonntags nicht vor zwölf Uhr verkaufen dürfe. Den Tränen nahe schrie er: "I'm a visitor, I'm a visitor!" Doch es nütze nichts. Mit einem verliebten Augenaufschlag sagte er lebwohl und fügte sich in sein Schicksal. Den anschließenden Blick auf die Uhr, hätte er aber besser lassen sollen. Das Zifferblatt zeigte 11.50Uhr und brachte ihn an den Rand des Wahnsinns. Dennoch bewies er absolute Körperbeherrschung, als er sich unkontrolliert zuckend am Förderband entlang hangelte. Sein irrer Gesichtsausdruck war zweifellos berechtigt und wich schnell der Erkenntnis, daß weniger Bier auch weniger Bezahlen bedeutete. Danach war Lutz wieder völlig hergestellt und wider Erwarten hinterließ dieses traumatische Erlebnis keine bleibenden Schäden. Sicher spart er schon auf die nächste Reise in diesen Supermarkt, schreibt dem 18er-Pack eine Karte oder ruft es an.

Danach wieder zurück ins Hotel, Restbeute verstauen. Kaum hatte Thorsten seine Sachen in die Schubladen geprügelt, klopfte Lutz an der Tür und begehrte ein Bier trinken zu gehen. Der schmerzliche Verlust in Brooklyn war wohl doch nicht ganz spurlos an ihm vorbeigegangen. Als approbierte Hausfrau bevorzugte ich hingegen mal den Waschsalon im Keller des Hotels auf Herz und Nieren zu prüfen. So zogen die beiden alleine los und fanden bald ein lauschiges Plätzchen in der Bahnhofskneipe der Penn-Station. Mir stand der Sinn eher nach aprilfrischem Gewäsch, so daß ich unter Zurhilfenahme einer geruchsdichten Plastiktüte allen dreckigen Klamotten unauffälliges Folgen befahl. Ebenfalls begleitete mich ein Satz Ansichtskarten, den ich etwas zweckentfremden wollte. Statt aus New York sollten sie Grüße aus irgendeinem Waschsalon übermitteln. Ich fand die Idee ganz putzig. Unten wechselte ich sämtliche Eindollarscheine in 25 Cent Münzen und zog allerlei Pülverchen aus diversen Automaten. Selbige schüttete ich in allerlei Öffnungen, in diverse Waschmaschinen. Daraufhin fing ich an allerlei Blödsinn an diverse Zurückgebliebene - sorry, Daheimgebliebene zu schreiben. Während ich da so auf den Karten rumschmierte kam ein Mann mit seinen zwei kleinen Söhnchen rein. Mexikaner tippe ich. Das erste, was die beiden Rotzlöffel machten war freudestrahlend auf mich zu zu kommen und mir ihre Baseballkappen aufzusetzen. Wahrscheinlich wollten sie damit testen, ob ich damit immer noch so dämlich aussah, wie vorher. Oder sie wollten einfach nur wissen, wieviel Prozent meines Gesichtes bedeckt werden muß, um mich auf die Straße lassen zu können. Egal- irgendwie hatte ich trotzdem das Gefühl, daß unser deutsches Multi-Kulti-Geschwätz dort wirklich funktioniert.

Über amerikanische Trockner kann ich leider nichts gutes berichten. Ich habe meinen Fummel zwei mal durchgejagt und er war immer noch klatschnaß. Aller 25 Cent Stücke und passender Scheine beraubt, und wissend, daß die Klima-Anlagen auch ganz gern mal zeigen möchten, was sie an Trockenleistung drauf haben fuhr ich wieder hoch, um sämtliche Kleidung im Zimmer zu verteilen. Nichts ahnend stolperte ich dabei über das etwa zwei oder drei hundertjährige Zimmermädchen, das gerade aus unserem Domizil kam. Es versperrte mit ihrem Putzwagen den Zugang. Clevererweise fiel mir ein, daß die Fernbedienung des TV-Gerätes nicht mehr funktionierte und dringend neue Batterien brauchte. Dummerweise fiel mir nicht ein, daß der kleinste Schein, den ich noch in der Tasche hatte zwanzig Mark wert war. So hob ich mit einer generösen Geste an: "Ja, ich wollte dem tollen Zimmerservice ja sowieso ein bißchen Trinkgeld geben..., und das wird ja immer so doll unterschätzt, was das für 'ne Arbeit is'... und wenn die Fernbedienung wieder funktionieren würde, dann wäre das ja noch besser" Mit sicherem Griff faßte ich in meine Gesäßtasche und sah mir entsetzt das Bündel Scheine an. Da war kein Schein mehr, der das Wort Trinkgeld verdient hätte. Ich konnte aber nicht mehr zurück und hatte nun vollstes Verständnis für Lutz. Ein Zehn Dollar-Schein wechselte den Besitzer und erinnerte mich daran, daß ich ihr gerade exakt 18 Büchsen Budweiser geschenkt hatte. So ein Jammer. Dreißig Sekunden lang. Danach war ich froh, denn sie hat sich richtig gefreut. Und wer weiß, bei welchem geldgeilen Kolonnenführer die Scheinchen landen, die man üblicherweise beim Verlassen des Hotels auf dem Nachttisch vergißt. In Endeffekt muß ich sagen, ich fand das schön. Und überhaupt habe ich das Gefühl, daß meine eigene Doofheit mir jetzt viel mehr Spaß macht, als vor New York.

Aber damit zurück zu Thorsten und Lutz. Die beiden mußten sich zwischenzeitlich von einem jungen, ausgesprochen hübschen Mädchen anmachen lassen. Und ich glaube sie haben sich nicht sehr dagegen gewehrt. Ich war natürlich nicht live dabei, aber der Spruch von Thorsten, als er mir stolz eine Serviette mit einer Telefonnummer aus Philadelphia auf den Tisch knallte spricht für sich. Die Tür unseres Zimmers flog auf und "Erster Aufriß!!!" sprudelte es aus ihm heraus. Dann sah ich erst die beschriebene Serviette und fragte mich "...was geht'n mit dem?" Zweifels ohne konnte ich den Gedanken nicht zulassen, daß es sich hier um Mädels dreht, denn um überhaupt mit jemandem neunund-vierzig Minuten lang telefonieren zu können, muß man schon ziemlich hart im Nehmen sein. Wenn es aber auch noch die eigene Freundin ist, bedeutet das entweder Höchststrafe oder es ist wirklich um einen geschehen. Dies hat sich dann mit der Aussage bestätigt, daß ich gegebenenfalls im September mit einem Anruf aus Philadelphia oder sogar dem Frankfurter Flughafen rechnen müßte. Naja, wenn sie wirklich so hübsch ist, werde auch ich mich nicht wehren. Übrigens sei die mögliche Besucherin in Fulda aufgewachsen, sprach aber nur noch zwei, drei Brocken Deutsch. Es steht also immer noch 3:0 für Schwarz.

Nach diesen Ereignissen hatten wir noch einige Programmpunkte abzuhaken. Walldorf-Astoria, Grand-Central-Station und Central-Park. Geschwind begaben wir uns wieder in die U-Bahn und ließen uns geduldig durch die Unterwelt saugen. Wo wir wieder das Tageslicht erblickten weiß ich nicht. Auf jeden Fall standen wir plötzlich vor Programmpunkt Nummer eins. Tür auf, Rudel rein und dann war Lutz wie vom Erdboden verschluckt. Wir ahnten schon, daß er seiner Lieblingsbeschäftigung nachging, Reviermarkierungen zu setzen. Schon Jahre vorher, bei einer Städtetour nach Berlin berichtete er mit geschwellter Brust, daß er im Klo des Hotels Adlon gethront, und es ehrfurchtsvoll vollgeschissen habe. Daß dieses Hobby zur Obsession werden würde war uns damals noch nicht bewußt. Jedenfalls fanden wir ihn bester Laune und um drei Kilo leichter (ohne Knochen) im Foyer des Walldorf Astoria wieder. Die Grand-Central-Station wollte auch noch von uns erobert werden. Also taten wir ihr den Gefallen. Es ging vorbei an einem pervers gediegenem Audi-Händler, der die geilsten Karossen sicher nicht für 99 Cent feil bot. Bei uns allen sah ich den Namen "Stefan" aufblitzen und auch etwas Verdruß, daß wir ihn nicht mehr getroffen hatten. Bei Joachim war das auch der Fall. Ich konnte mich aber des Eindrucks nicht erwehren, daß er Stefan beim Anblick des Ladens den zusätzlichen Nachnamen "Buaaaah-leckmichamarschwasfürkrasseAlufelgen" verpaßte.

Nichts desto trotz steuerten wir auf ein Gebäude zu. Wir wußten alle, daß es das falsche war. Aber dennoch mußten wir reingehen um herauszufinden, ob unsere Glückssträhne vielleicht auch mal ein Ende haben könnte. Hier kämpften wir uns, mit inzwischen gewohnter Professionalität, durch eine Phalanx von Drehtüren, bis eine Rezeption uns willig ihre drei Opfer preisgab. Die armen Kerle wurden von uns gnadenlos zugrundegefragt, wo denn nun die Grand-Central-Station sei. Nicht, weil wir die fetten Messingbuchstaben über dem anderen Eingang nicht gesehen hätten, sondern nur, weil es einfach Spaß machte dumme Fragen zu stellen. Die dummen Fragen wurden gern beantwortet und man schickte uns direkt wieder nach dort hin zurück, von wo wir gekommen waren. Niemand von uns hatte ein Kennzeichen, trug Krachlederne oder hatte ein Töpfchen Sauerkraut In der Hand. Deshalb erschien es mir um so erstaunlicher, als einer der drei uns "...auf Wiede'seh'n" hinterher rief. Das Experiment war also gelungen, die Glückssträhne hielt an.

Auf der anderen Straßenseite grüßte uns noch einmal die Aufschrift des Grand-Central-Gebäudes und öffnete darunter sein gefräßiges Maul. Es spülte uns durch einen mit Marmor getäfelten Schlund, der mit haufenweise barocken Accessoires gespickt war. Hier ein Leuchter, da ein Bildchen, Schnickschnack wo man auch hinschaute. Ich zögerte nicht dieses Ensemble mit einer weiteren Metapher zu belegen. Die bräunliche Marmorstruktur konnte eindeutig als Zahnbelag identifiziert werden, die struppigen Lüster mußten dann wohl Essensreste sein. Höchst zufrieden mit meiner Wahl, aber ohne einen adäquaten Vorschlag für das letzte Menü gefunden zu haben, erreichten wir die Haupthalle. Nach der Besorgung einer deutschen Zeitung für sagenhafte 6.50$ hatten wir genug im Weg gestanden und wollten nun noch den Central-Park sehen.

Lutz's Orientierungstechnik in New York hatte sich absolut bewährt und war ungemein effektiv. Doch in diesem Falle hielt ich es für gesünder mich an Thorsten zu hängen. Während Lutz die Methode: "ich lauf' so lange durch die Gegend, bis ich weiß, daß ich falsch bin" durchsetzen wollte, begannen meine Fußsohlen mich um Amputation, statt weiterer Umwege anzuflehen. Nicht zuletzt deswegen, weil er die genaue Gegenrichtung ansteuern wollte, die die Polizistin mir zeigte, die ich keine halbe Minute vorher fragte. "Bis zur 59th Street und dann nach links", sagte sie und das war exakt auch Thorstens Plan. Also trennten wir uns und machten einen Treffpunkt aus, den alle außer mir, der NY-Jungfrau, kannten. Auf Seite soundsoviel hatte ich schon mal erwähnt vier Postkarten für einen Dollar ergattert zu haben. Die fünf anderen, die ich nach zähen Verhandlungen ebenfalls für einen Dollar erstand, hatte ich bisher verschwiegen. Mein merkantiles Geschick, dessen ich mir jetzt so sicher war, wurde jedoch übermäßig zur Ader gelassen, als sich mir ein freches Schild mit der Aufschrift 10 postcards for1$ in den Weg stellte. Mein blutleerer Geschäftssinn hatte jedoch nur noch wenige Meter Zeit um sich zu erholen, denn schon folgte das nächste Geschäft, das dieses Angebot gerade mal verdoppelte. 20 for 1$, stand dort, so daß ich ab dieser Ecke nur noch die Reste meines Selbstbewußtseins als vertrocknete Rosine hinter mir her ziehen konnte.

Das war nicht annähernd so schlimm, wie der folgende Fußmarsch durch den Central-Park, der erst vor der gotischen anmutenden Hochhauszeile endete, in der Rosemaries Baby gedreht wurde. Viel schlimmer noch war der Rückweg, der drohend vor uns lag. Und die tausenden Menschen, die sich bei allerlei neckischen Spielchen im Park amüsierten, interessierten mich auch nicht mehr besonders. Dennoch erinnere ich mich an dauerhafte Lach-Tiraden, unter denen wir uns vom Böotchenfahrsee, über die parkeigene Schlittschuhbahn bis zum späteren Treffpunkt krümmten. Letzterer war ein teures Hotel, das sich am Rande des Central-Parks befand. Jovial schlenderten wir hinein, um das Eintreffen der anderen bei einem kühlen Bier in der Hotelbar abzuwarten. Einen solchen Hochgenuß hatten wir uns redlich verdient, wobei das Prädikat dieses Satzes im buchstäblichen Sinne zu verstehen ist. Erst nachdem wir uns schon mal ein leckeres Heinecken bringen ließen, kamen wir auf die clevere Idee mal nach dem Preis zu fragen. Bevor der Kellner jedoch die äußerst suspekte Antwort gab, daß er es nicht wisse, er sich aber umgehend erkundigen werde, hatte ich durch ein verhängnisvolles Kopfnicken schon ein zweites Bier bestellt. Daß wir wohl die ersten waren, die seit der Gründung des Hotels im Jahre Achtzehnhundert und ein paar Zerquetschte nach der Höhe nebensächlicher Geldsummen fragten, ließ uns ziemlich deplaziert aussehen. Thorstens Augenbrauen zuckten bedeutungsschwanger, während ich sorgenvoll auf meine Spülhände schaute. Zusammen mit meinem Bier kam dann die ruinöse Nachricht "Eight Dollar, each". Daraufhin vermutete ich, daß dieses golden schimmernde Edel-Heinecken vielleicht der Saft ausgekochter Nuggets sein könnte. An "pay or run" war nicht zu denken, da unsere Laufwerke, hüftabwärts nur noch schlapp unter dem Barhocker baumelten. Mehr als Extrem-Power-Schleiching war nicht mehr drin. Also beglichen wir die Rechnung von netto 24 $ und stellten anerkennend fest, daß uns just ein weiteres erstaunliches Kunststück vorgeführt worden war. Man hatte uns gerade den Gegenwert von zwei kompletten Kästen Bier in drei winzige Gläser gefüllt. Respekt!

In diesem Moment schob sich pünktlich Joachims Gesicht vor die Fensterfront und machte uns klar, daß Lutz's Zielortumzingelungstaktik immer noch einwandfrei funktionierte. So trafen wir uns draußen wieder und machten uns auf die Suche nach der Brauerei, die Thorsten bei seinem letzten Besuch in New York in der Nähe entdeckt hatte. Leider erfolglos. Doch gar nicht weit von unserem Hotel gab es eine andere Bierwerkstatt, an der wir zufällig vorbeikamen. Hier prangte mit aufreizenden Buchstaben das deutsche Wort "Hefeweizen", was meine Zunge zu spontanen Gefühlsausbrüchen animierte und die erregten Geschmacksknospen zu einem Bouquet der Vorfreude erblühen ließ. Wir gingen rein, nahmen Platz und bestellten. Und nach unerträglich langen Minuten der Wartezeit stand es endlich vor mir. In einem durchsichtigen Weizenglas zwinkerte mir die unverhoffte Erfrischung verführerisch zu und sagte "Nimm mich!". Ich setzte an und schüttete mir in der Gewißheit höchsten Genusses die Kehle randvoll. Dieses als bayerisches Grundnahrungsmittel deklarierte Getränk hatte den sanft rauchigen Geschmack einer verrottenden Moorleiche, garniert mit einer gehörigen Portion Fußpilz. Mit zugekniffenen Augen machte ich mir bei jedem folgenden Schluck Mut, indem ich ständig den Satz "...jede Halbe hat ein Ende...jede Halbe hat ein Ende..." im Kopf wiederholte. Irgendwann war es dann soweit, daß das Glas bis auf einen nicht unerheblichen Rest entleert war und ich eine andere Sorte bestellen konnte. Auch das half mir nicht viel. Die zweite Variante des selbstgeb(r)auten Gesöffs schmeckte ebenfalls wie Ötzis ungewaschene Schwiegermutter, doch tröstlich war der Umstand, daß ich diesmal lediglich 0,2 Liter Leidensweg zu überstehen hatte. Ich verfluchte die Sumerer, die sich einstmals hatten einfallen lassen, altes Brot in Wassertöpfen vergammeln zu lassen, um es später Bier zu nennen. Sicher führte diese Brauerei diese Tradition unverändert weiter. Doch damit endete dieser Abend schon wieder und mein Groll über den blasphemischen Umgang mit der Vokabel Hefeweizen schlief mit mir ein.

Nur ich wachte am folgenden Morgen auf, Hefeweizen blieb liegen. Heute war Shopping angesagt. Die restlichen Dollars mußten unbedingt noch sinnlos vernichtet werden, bevor wir einen Tag später den Rückflug antreten würden. So trotten wir in Zweiergruppen los, um in allen Geschäften sämtliche Waren zu befummeln und die genervten Verkäufer mit der Aussage zu überraschen doch nichts kaufen zu wollen. Naja, teilweise. Thorsten schleppte natürlich tütenweise das Zeug aus den Läden, während ich mich erst mal mit dem Kauf einer Sonnenbrille für 99 Cent begnügte. Die war ja schon nicht schlecht, doch in Verbindung mit einer neuen Cordjacke wurde mir einmütig bestätigt, daß die Verkleidung als russischer Zuhälter nun perfekt sei. Ich sonnte mich in diesem schmeichelhaften

Kompliment, denn im Vergleich zu vorher war das eine enorme Verbesserung. Da war mir auch völlig egal, daß ich nun absolut dollarblank war. Das heißt, für einen aufmerksamen Touristen ist das in New York ziemlich unmöglich. Ein auffälliges Phänomen begleitete jeden von uns in Manhatten. Etwa alle hundert Meter liegen dort auf der Straße 1 Cent Münzen rum. Und zwar ausschließlich 1 Cent Münzen. Ich schwöre! Sieben habe ich in der ersten Zeit davon aufgesammelt, danach war mir das aber auch irgendwie zu dumm dauernd über den Gehsteig zu krabbeln. Nun, das hätte mir in diesem Fall auch nicht weitergeholfen, stattdessen war es ein Pakistani oder Inder oder so. Ständig nach einer Bank zum Wechseln schielend, da das nächste Frühstück auch noch in Dollars bezahlt werden wollte, folgte ich Thorsten auf seinen Kreuzzug gegen unchristliche Bekleidungspreise. Das dauerte maximal eine Stunde, bis uns oben genannter Indo-Asiate in einem Souvenirladen ansprach, ob wir europäisches Geld hätten. "Da leck doch die Katz am Arsch- hier läuft doch alles von alleine!" dachte ich, als er mir freudestrahlend 50 Euro in Dollar wechselte. Er sah so richtig glücklich aus, als er ein kleines Histörchen von Amsterdam erzählte, wo er auch nächste Woche wieder hinflöge.

Ähnlich gut gelaunt kam mir eine Hispano-Amerikanerin vor, die im nächsten Laden den Grabbeltisch mit Jeans für 9$ aufräumte, den ich just zerzaust hatte. Die sorgfältig formulierte Frage, ob sie sich in ihren kühnsten Träumen vorstellen könne, daß hier eine Hose in sechsunddreißiger Länge zu finden sei, beantwortete sie mit amüsiertem Gelächter. Mit dem Hinweis, daß ich ein solches

Ansinnen schnellstens wieder vergessen solle, begann sie mir ihre Familiengeschichte zu erzählen. Ihr Sohn sei genauso groß, wie ich und erst 16 Jahre alt und fände auch nichts Passendes...und ihr Mann..., und die Oma..., und der Hund..., und so weiter. Doch Thorsten rettete mich vor der angenehm geschwätzigen Person mit einem Zupfer am Ärmel. Dieser bedeutete: Nichts mehr dolles zum Kaufen, Mission erfüllt, zurück zur Basis. Kurz gesagt- Faxen dicke, keinen Bock mehr. Auch ich fand den Zeitpunkt optimal mich von meiner neuen Freundin zu verabschieden und ließ mich widerstandslos zurück zum New Yorker schleifen, denn des Abends hatten wir noch etwas besonderes vor. Gemäß Lutz's Einladungskarte stand noch ein Essen in China-town offen.

Nach unseren Kaufexzessen wollten wir uns an der BoweryStreet treffen um von dort aus, lustwandelnd, ein nettes chinesisches Restaurant auszukundschaften. Das gelang uns dann auch Stunden später, nachdem Thorsten jedes einzelne Geschäft nach einer Breitling-Imitation abklapperte. Für uns bedeutete das Ultra-Extrem-Power-Schleiching, das erst mit dem Auftreffen eines lapidaren Kommentars in Thorstens Gesicht endete. Auch er wollte mal sein händlerisches Talent an einem NYPD-Mützenstand ausprobieren und forderte einen dreisten Preisnachlaß. Leider nicht mit dem gewünschten Ergebnis, sondern mit dem Spruch "Go home, boy!", von einer winzig kleinen Chinesin. Einfach nur Hunger zu haben, war dann doch irgendwie sinnvoller. Und kurz darauf saßen wir schon im nächsten Lokal. Schon in Deutschland wußte ich noch nie, was nach der Bestellung beim Chinamann auf meinem

Teller rumzappeln würde. Bei Frühlingsrollen denke ich eher an saisonbedingte Purzelbäume und bei Bambussprossen an sonnenverursachte Sprenkel im Gesicht. Manchmal schieben sich beim gleichen Begriff sogar die Horizontalstreben einer Leiter vor mein geistiges Auge. Wenn aber der Kellner aus dem Land des Lächelns in einem New Yorker Restaurant auch noch kein einziges Wort Englisch spricht, wird eine Bestellung um so aufregender. Zugegeben, mich traf es nicht so hart, wie Thorsten, der scheinbar den Hinweis "very spicy" auf der Karte mit sehr würzig übersetzte. Vielleicht war es aber auch der Versuch seine Schmerzgrenze auszutesten, als er schon nach dem ersten Bissen seine Zunge in den Wind hängte und hilflos nach Luft rang. Lutz erzählte indessen, daß er zusammen mit Rosi am Nachmittag den UN-Komplex besucht habe und sich dort vor der berühmten Knotenknarre hatte fotografieren lassen. Im Gegensatz zum letzten Jahr wären sie auch ins Gebäude hineingekommen und hätten selbst die Konferenzsäale besichtigen können. Ob er dort auch wie gewöhnlich reingekackt hat, erwähnte er nicht. Auf jeden Fall schien er außerordentlich beeindruckt. Trotz anfänglicher Bedenken und gelegentlichen Schweißausbrüchen tauschte ich mit Thorsten das Gericht. Dies tat ich im Namen der Oralhygiene und der festen Überzeugung, daß nach diesem flammenden Inferno keine noch so gut versteckte Kariesbakterie überleben würde. Mit dem Motto "Nie wieder Zahnarzt" rächte ich mich unbarmherzig an meiner Mundflora ...oder Fauna? Unwichtig. Danach war alles Lebende niedergemetzelt.

Das Mahl war beendet, draußen wurde es langsam dunkel. Wir waren sowieso schon in der nähe der

Brooklyn-Bridge und wollten uns den Panoramablick auf das nächtliche New York nicht entgehen lassen. Doch schon, als wir den Fuß der Brücke erreichten, gab Lutz zu erkennen, daß er die einmalige Gelegenheit das UN-Gebäude zu düngen verpaßt hatte. Er flüsterte, offensichtlich schon erheblich gehbehindert "jetzt muß ich aber mal dringend!". Die Gegenfrage: "was denn?" beantwortete er mit einem klaren "weiß nicht!" Dennoch tat er sich den Aufstieg bis zum Zenit der Brücke an, um nach einer komprimierten Rundumschau von nicht mehr als drei Sekunden mit zusammengekniffenen Arschbacken wieder abwärts zu tippeln. Thorsten flitzte mit ihm und leistete moralischen Beistand, der bis zu einem geparkten Polizeiauto reichte. Dort steckte Lutz seinen Kopf durch das Fahrerfenster und blökte die verdutzten Officers an: "Ei mast very snell to the toilet! ...Restrooms?" Verängstigt, daß der Verrückte ihnen in den Wagen scheißt, schickten sie ihn um irgend eine Ecke, wo sich tatsächlich auch ein kleines Hotel befand. Wieselflink spurtete Lutz in die angegebene Richtung, wobei ich mich sehr wunderte, welche Geschwindigkeiten man erreichen kann, ohne die Knie auseinander zu nehmen. Der Rest von uns schlenderte mit einigem Abstand hinterher. Was Lutz den beiden Polizisten gesagt hatte, erfuhr ich erst später. Doch ich ahnte schon ungefähr, was es gewesen sein muß, als ihre Köpfe immer tiefer in die Sitze rutschten, während wir an ihrer Motorhaube vorbeiflanierten. Wir gingen noch ein paar Meter und warteten vor der Bar, in der wir Lutz vermuteten. Unterdessen spielte sich dort folgende Szene ab. Lutz trat ein, schrie zur Bedienung "One beer, please!" und sprintete pfeilschnell zu den Restrooms. Hier besetzte er eines der Fäkalmodule, sprengte sein Beinkleid ab und begann mit der Entsorgungsprozedur. Doch während er sich lautstark restentleerte, flog die Tür der Unisex-Toilette auf und eine verwirrte Bardame fragte "...ääh, hmm, Bud or Heinecken???" Trotz der gewitterartigen Geräuschkulisse stand später ein Bud auf dem Tresen. Ob Lutz's Mund überhaupt ein Ton verlassen hatte oder die Bestellung aus dem anderen Ende kam, muß noch geklärt werden. Jedenfalls kam er nach zehn Minuten wieder aus dem Lokal und sein erneut breitbeiniger Gang kündete von einem ästhetisch durchtrainierten Schließmuskel.

Per U-Bahn ging's zurück, auch diesmal ohne finstere Gestalten, außer uns. Morgen war der Tag, an dem wir Abschied nehmen mußten. Leider. Ich hatte mich schon so daran gewähnt, daß man hier so richtig schön bekloppt sein darf und es keinen stört. Freude hatte ich empfunden, wenn jedes Fettnäpfchen, in das wir traten mit einem Lächeln quittiert wurde. Doch alles Heulen half nichts. Daß es noch niemals etwas geholfen hat, war mir schon länger klar und deshalb freute ich mich darauf die Erfahrung New York mit nach Hause nehmen zu dürfen. Wie gesagt, ich war derjenige, der eigentlich überhaupt keinen Bock auf die blöden Amis gehabt hatte und der buchstäblich dazu gezwungen werden mußte. Diese Überlegungen begleiteten mich bis zum Hotel, doch am nächsten Morgen mußten wir endgültig packen. Dabei überließ Thorsten mir großzügig einen Teil von seinem New York, das er in Form von Waren mit nach Hause nehmen wollte. Das heißt, der nicht unerhebliche Bauchladen, den er in der Kommode gehamstert hatte, wurde auf mein

Gepäck umverteilt, damit der Flieger nicht Schlagseite bekam. Sehr intelligent zog er das an, was am meisten Gewicht hatte oder zu viel Platz wegnahm. Darunter: Bundeswehr-Kampfstiefel, schwarze Combat-Hosen und einen Gürtel mit einem roten Russenstern. Mit diesem Outfit hätte es ihn dann doch noch mal fast gerissen, als er am Flughafen fast nicht durch die Sicherheitskontrolle gekommen wäre. Unser Rückflug war sowieso gestrichen worden. Das erfuhren wir aber erst am Terminal. LH 407 existierte nicht mehr, weil alle Nichtschwachsinnigen zu Kriegsbeginn die Reise nach New York erst gar nicht angetreten hatten. Folglich gab es auch kaum Leute, die zurückfliegen wollten. Nach anfänglicher Hektik war das für uns nur von Vorteil, denn wir mußten uns nicht stundenlang am Flughafen rumdrücken, sondern konnten auf eine frühere Maschine umbuchen. Dank der beiden schnuckeligen Lufthansadamen, die uns dabei behilflich waren hat das auch hervorragend geklappt. Aber nun standen wir in verschiedenen Reihen vor den Metalldetektoren und es war nicht erkennbar, daß wir ein zusammengehörender Club sind. Manuela und Joachim kamen anstandslos durch, Rosi und Lutz genauso, und ich entledigte mich ebenfalls aller Metallgegenstände, die ich fand. Scherzend erkundigte ich mich, ob ich meine Schuhe ausziehen sollte, die eine Eisenschnalle besaßen. Ebenfalls scherzend kam auf englisch zurück: "Wenn du nicht hier bleiben willst, mach das mal besser!". Also legte ich diese in einer separaten Kiste ab und watschelte durch den Detektor. Es piepte. Wie gewöhnlich piepte es. Und ich setzte wie immer, meinen dämlichsten Gesichtsausdruck auf. Ich schaute dumm in die Runde der Beamten und vernahm die erschütternd freundlichen Worte: "...everything all right-...move!". Noch dümmer schaute ich, als ich intuitiv in meine Hosentasche griff und plötzlich, neben sieben einzelnen Cent, noch eine ganze Hand voll weiterer Münzen in den Fingern hatte. Ich war da mit einem Grinsen durchspaziert und hatte genug Metall für eine astreine Splitterbombe dabei!

So einfach hatte es Thorsten nicht. Meine Schuhe anziehend sah ich ihn, wie er in seiner Söldnerkluft nervös die Hände hoch hielt. Umringt von einigen Uniformierten wurde er schon zum Strippen gebeten, als er im letzten Moment das Corpus Delikti fand. Ich konnte es kaum glauben, daß er vier mal durch das Suchgerät gehen mußte um festzustellen, daß das Silberpapier eines Kaugummis den Alarm immer wieder ausgelöst hatte. Oder waren es vielleicht die Beamten selbst?

Ganz zum Schluß hatten wir also das einzige Erlebnis, das uns daran erinnerte, was eine Woche vorher war. Noch im Flugzeug dachte ich darüber nach, mit welchem Satz ich diese Geschichte beenden würde. Das dauerte ungefähr, bis wir den Längengrad von Greenwich überquerten. Thorstens, nur flüchtig angesoffenes Bier machte dort einen Flickflack und verspritzte seinen Inhalt über meinem Sitz und der darauf befindlichen Hose. Statt mich über nasse Windeln aufzuregen, kam mir ein äußerst beliebter Spruch von Lutz in den Sinn. Nachdem ich mich einfach über meine Null-Meridian-Taufe gefreut hatte rezitierte ich im Geiste:

Die einzige Konstante ist die permanente Flexibilität...

Und schließlich möchte ich mich bei allen Beteiligten herzlichst bedanken. Ich "War in New York". Doch solche Geschichten passieren nur, wenn man die richtigen Menschen bei sich hat. Vielen Dank an Manuela, Joachim, Thorsten, Rosi und Lutz...und nicht zu vergessen die liebenswerten NewYorker !

Euer a.petit

a.petit ... ist das Pseudonym einer interdisziplinär gebildeten Persönlichkeit, die sich mit einer Vielzahl von unterschiedlichen Thematiken befaßt.

Auf unerklärliche Weise passieren ihm die unmöglichsten Dinge, finden ihn die wundersamsten Menschen, oder die unglaublichsten Informationen. Erst im Mai 2007 begann er zu publizieren, um das Arsenal seiner Studien der Öffentlichkeit zugänglich zu machen.

Humorlosigkeit kann man ihm sicher nicht vorwerfen, auch wenn er bisweilen, durch wachsame Logik angeblich wissenschaftliche Erkenntnisse zerlegt ....;-)